BUSCH · SO WEIT DER MOTOR TRÄGT

Fritz B. Busch

So weit der Motor trägt

Motorbuch Verlag Stuttgart

Einbandgestaltung: Siegfried Horn

ISBN 3-613-01342-8

1. Auflage 1990

Postfach 10 37 43, 7000 Stuttgart 10.
Ein Unternehmen der Paul Pietsch-Verlage GmbH & Co.

Gesamtherstellung: Ebner Ulm
Printed in Germany

Inhalt

So weit der Motor trägt

Ein Kapitel über die Zuverlässigkeit der Motoren vor 50 Jahren

Schon immer habe ich eine Schwäche für die Fliegerei gehabt. Und heute, wenn mein Auto in einer Kolonne festsitzt, beginnt der uralte Traum der Menschheit so übermächtig in mir zu rütteln, wie er es in der Brust von Lilienthal und Lindbergh, Euler und Ertrich, Wright und Curtiss getan haben mag. Von Leonardo da Vinci ganz zu schweigen.
So kommt es, daß ich mich auch in der Geschichte der Fliegerei ganz gut auskenne, die ich nachzulesen begann, als ich vor rund 35 Jahren der legendären Klemm 25 entstieg, die mich über meine Heimatstadt emporgehoben und eine gute halbe Stunde da oben herumgetragen hatte. Ich war damals aber

schon derart automobilbesessen, daß die Fliegerei meinem Autofimmel nicht ernsthaft gefährlich werden konnte.
Heute möchte man es beinahe bereuen, daß man damals in der Schultasche mehr Automobil- als Flug-Literatur mit sich herumschleppte. Denn unsere Zukunft, so scheint mir, liegt doch mehr in der Luft.
Wie dem auch sei, ich werde zu diesem Aufsatz durch eine Bemerkung von Mira Slowak angeregt, die er über den VW-Motor machte, den er in das Kleinflugzeug eingebaut hatte, mit dem er neulich den Atlantik überflog. Er flog und flog, landete ab und zu auch mal zwischen (denn er flog ganz oben herum), und kam nach beinahe 176 Stunden in London an.
»Der VW-Motor lief einwandfrei«, sagte Mira Slowak, »er schnurrte wie ein Kätzchen, und es gab auf dem ganzen Weg keinerlei Schwierigkeiten. Wenn ich nach Hause komme, werde ich ihn verchromen und irgendwo aufstellen.«
So begeistert war er, der tapfere Mann. Und

viele werden es mit ihm sein, denn heute ist es wieder so weit, daß man dem Motor seines Automobils nicht mehr so recht traut. Und wer würde sich von ihm schon über den Atlantik tragen lassen, unten herum nichts als Wasser, darüber Himmel und Wolken, und weit und breit keine Kundendienstwerkstatt und kein ADAC-Pannenhilfdienst...
Ob Mira Slowak, ob überhaupt einer weiß, wie es damals war? Vor mehr als fünfzig Jahren, im Frühjahr 1919, bestiegen die Piloten Alcock und Whitten-Brown auf einem Flugplatz Neufundlands ihren zweimotorigen Land-Doppeldecker Vikkers-Vimi, brachten die beiden 350 PS-Eagle VIII-Motoren von Rolls-Royce zum Laufen und erhoben sich in die Lüfte. Sie schwenkten den Apparat auf Ostkurs und flogen und flogen, bis sie den Atlantik überquert hatten und in Irland runtergehen konnten. Das war nur sechzehneinhalb Jahre nach dem Tag, an dem den amerikanischen Brüdern Wright der erste freie Motorflug gelungen war. Ihr Flug-Apparat, der von einem 12 PS-Motor bewegt wurde,

blieb ganze 12 Sekunden in der Luft.
Aber zurück zur Ozean-Überquerung. Alcock und Whitten-Brown brauchten für den Flug, der zweieinhalbtausend Kilometer über offene See führte, nur sechzehneinhalb Stunden. Und die Motoren, Baujahr 1918, liefen und liefen. Whitten-Brown mußte lediglich ab und zu auf die linke Tragfläche klettern und dem Backbord-Motor eins mit dem Schraubenschlüssel auf den Ansaugkrümmer geben, weil der zum Vereisen neigte. Ob man in fünfzig Jahren wirklich noch von Armstrong und Collins reden wird, wo man doch Alcock und Whitten-Brown vergessen hat?

★

Die Leute wollen es einem immer nicht glauben, wenn man ihnen unter die Nase reibt, daß manche Kolbenmotoren vor vierzig Jahren langlebiger und zuverlässiger waren als manche Kolbenmotoren heute. In den alten Töpfen waren meistens ein paar hunderttausend Kilometer drin.

Im Jahre 1909 wagte man sich jedenfalls schon mit seinem Flugmotor übers Land hinaus aufs Wasser. Am 25. Juli dieses Jahres gelang dem Franzosen Blériot die erste Kanal-Überquerung. Sein Flugapparat war mit einem 25pferdigen Anzani-Motor bestückt. Wie gesagt, das war vor sechzig Jahren, und dieser Motor lief ohne Zündaussetzer von Küste zu Küste.
Im Jahre 1912 flog man dann bereits von London nach Paris und auch von Paris nach Berlin, aber schon im Jahr zuvor hatte Fournay einen Streckenrekord aufgestellt. Er war 922,9 Kilometer weit geflogen, ohne herunter zu müssen, und Garros hatte ein Höhe von 3910 m erklommen, mit einem Motor des Jahres 1911.
Am eindrucksvollsten sind natürlich, gerade hinsichtlich der störungsfreien Tätigkeit der Motoren, die Atlantik-Überquerungen. Und weil Mira Slowak im Jahre 1969 nahezu außer sich ist vor Freude, daß er mit einem 69er luftgekühlten Boxermotor in knapp 176 Stunden von New York nach London hüpfen

konnte, will ich ihm und Ihnen nochmals mit den vergleichbaren Leistungen von damals kommen.
Nach Alcock und Whitten-Brown, die von Neufundland nach Irland durchflogen, schaffte Commander Alber C. Read im gleichen Frühling, genau am 27. Mai 1919, die Strecke Neufundland-Lissabon. Er benutzte dazu ein Doppeldecker-Flugboot. Ich habe mir die Kiste angesehen. Sie hat mehr Ähnlichkeit mit einem Drachen als mit einem Flugzeug. Und das ist kein Wunder, denn richtige Flugzeuge, die wirklich stundenlang in der Luft bleiben konnten, gab es damals erst seit knapp 15 Jahren. Ich sage ja immer, daß sich unsere Automobile heutzutage nur im Schneckentempo fortentwickeln. Die meisten von ihnen sind im Prinzip doch ganz alte Hüte, allerdings mit ganz neuen Gebrechen. Nach wie vor findet der spür- und sichtbare Fortschritt in den Lüften statt. Ob Sie das nun gerne hören oder auch nicht.
Nun mag das auf den Leser keinerlei Eindruck machen, weil Flugmotoren für ihn

möglicherweise keine rechten Bezugspunkte sind.
Deshalb will ich sein Gedächtnis mit ein paar bekannten Automobilen jener Jahre auffrischen. Als Alcok und Whitten-Brown mit ihrem Doppeldecker von Neufundland nach Irland flogen, zweieinhalbtausend Kilometer über die offene See (1919), lieferte Mercedes noch seinen seit 1914 etwas verbesserten Knight aus, der in Heft 1/1970 so nett besprochen wurde, dessen Motor aber nicht unbedingt ein Ausbund an Zuverlässigkeit war. Aber die Vierzylinder-Motoren mit obenliegenden Nockenwellen und Königswellen-Antrieb waren in Vorbereitung. Im Jahre 1924 gab es dann schon populäre und unvergessenere Automobile, wie das Hanomag Kommißbrot und den Opel Laubfrosch. Freilich hätte sich wohl kein Flieger jener Jahre mit dem Kommißbrot-Motor in die Luft erheben wollen. Die Piloten fielen auch damals nur ungern runter. Aber die Motoren der großen Wagen von Horch über Mercedes bis zum 2,8 Liter-Motor des unverwüstlichen T-

Modells, das 1924 noch ein Verkaufsschlager ersten Ranges war, liefen wie die Werke von Turmuhren.
Und wenige Jahre später, als Charles Lindbergh mit seiner sternmotorigen Spirit of St. Louis den Ozean überflog, waren bereits jene Autos auf dem Markt, die zum Teil heute noch bei ländlichen Feuerwehren mit ihrer ersten Maschine im Bauch ihre Pflicht tun.
Vor Lindbergh aber geschah noch das Erwähnenswerte, daß vier einmotorige amerikanische Douglas-Maschinen, ausgerüstet mit 420 PS Liberty-Motoren, die ganze Welt umflogen, ohne auch nur einmal runterzufallen. Sie überflogen Alaska, die Beringstraße, Asien, Europa und Amerika, und jeder Pilot hatte nur einen Motor vor der Nase, der durchhalten mußte, wenn man nicht im ewigen Eis erfrieren oder in irgendeinem Ozean ersaufen wollte. Auch dieses für die Beurteilung der Zuverlässigkeit von Großvater-Motoren so bedeutende Ereignis fiel in das Jahr 1924.
Nachdem man dies alles weiß, wird Charles Lindberghs Heldentat unversehens ein biß-

chen kleiner. Er startete am 20. Mai 1927, als hinreichend bekannt war, daß Flugmotoren durchhielten, so weit die Flügel die Kiste trugen und solange der Sprit-Vorrat reichte. Er mußte es im Grunde nur fertigbringen 33 ½ Stunden wach zu bleiben und die Orientierung nicht zu verlieren. Beides fiel ihm, wie sich im Verlauf des Fluges herausstellen sollte, nicht leicht. Aber er wurde am Ende hinreichend dafür belohnt, daß es ihm dennoch gelang. Der Motor war an dem rund 12 000 Dollar teueren Hochdecker noch das billigste, er kostete nur 1000 Dollar.

★

Die Flugzeugbauer hatten mit großem Instinkt den einzig richtigen Weg eingeschlagen: Sie kauften den Motor vom Motorenbauer. die Autobauer gerieten schon früh auf die schiefe Bahn: Sie bauten ihre Motoren selbst, investierten Unsummen und gebaren oft fürchterlich mißratene Treiblinge, die dem Käufer des Automobils den ganzen Spaß verdarben. Diese Entwicklung verlief durchaus

nicht so geradlinig und selbstverständlich, wie man heute annehmen mag.
Hören Sie dazu eine Meldung aus dem Jahr 1928: »Gemäß der Statistik der amerikanischen Fachzeitschrift Automotive Industries vom 18. Februar sind in insgesamt 779 verschiedenen Modellen von amerikanischen Personenwagen, Omnibussen und Lastwagen 582 fremde Motoren eingebaut, davon sind 30 Prozent Continental-Motoren, womit diese Firma unter 11 Fabrikaten von Einbau-Motoren an erster Stelle rangiert.« Ich finde das recht interessant.
Die Continental Motors Corporation in den USA war damals das größte Fabrikunternehmen der Welt, das sich auf den Bau von Motoren spezialisiert hatte.
Um ein Auto wie den 4/20er Opel zu bauen, hätte man keineswegs eine eigene Motorenstraße installieren und gar eine eigene Primitiv-Maschine entwerfen müssen. Bei Continental war unter 25 verschieden großen und starken Einbaumotoren das Passende zu finden. Zum Beispiel der H 2, ein Vierzylinder

von 1,37 Liter Hubraum, der bei 2500 U/min 19 PS leistete. Ein Ausbund an Langlebigkeit und zuverlässigem Lauf. Es gab da für alle Modell-Kategorien etwas Geeignetes, und mit dem H 6 hätte man so manchen robusten Mittelklasse-Wagen ausrüsten können. Er leistete 30 PS bei 2500 U/min aus 2,14 Liter Hubraum. Und auch der 20 L hätte ein deutsches Auto der endzwanziger Jahre verbilligen und seine Produktion vereinfachen können. Aus 2,8 Liter kamen 44 PS bei 2600 U/min, und es waren, wie damals vom besseren Publikum gewünscht, sechs Zylinder vorhanden.
Heute klingt das nur ungewöhnlich, damals hätte es ein Weg sein können. Damals bastelte jede mittlere Automobilschmiede ihren eigenen Motor. Ein mittleres Flugzeugwerk hätte sich das gar nicht erlauben können, denn wenn der Motor streikt, bleibt ein Auto auf der Straße stehen, aber ein Flugzeug fällt gleich herunter. Den Autobauern war es scheinbar gleichgültig, daß und wie oft ihre Autos am Straßenrand stehen blieben.

Den Flugzeugbauern mußte die Zuverlässigkeit und Reife der Motoren mehr am Herzen liegen. Und deshalb gingen sie zum Fachmann, wenn sie einen Motor einkaufen wollten, zum spezialisierten Motorenbauer. Das machen sie heute noch so.
Unsere Autos sind zu allen Zeit unnötig teuer und unnötig kompliziert gewesen, weil jeder Autobauer sein eigener Motorenbauer sein wollte.
Was glauben Sie, wie billig ein Achtzylinder Mercedes sein könnte, wenn Mercedes keinen eigenen V 8 entwickeln und fabrizieren, sondern einen V 8 von General Motors, Ford oder Chrysler beziehen würde?! Wenn ich mir so das Theater in den Kundendienstwerkstätten anschaue, und wenn ich mir den Ärger der Autobesitzer anhöre, dann bin ich wohl versucht, eine Durchforstung des Motorenwaldes zu fordern. Muß denn wirklich jeder Karosserie-Presser sein eigenes Süppchen kochen? Zu Lasten des Autofahrers?!
Daran liegt es nämlich, daß es heute unter den Hauben so diffizil zugeht, daß wir Spezia-

listen brauchen, die wir nicht finden und bekommen können, und daß es heute eine Wissenschaft ist, einen streikenden Motor wieder in Gang zu setzen. Falls das irgend jemand Fortschritt nennt, so muß ich bezweifeln, daß er jemals aufmerksam in den Rückspiegel der Geschichte geblickt hat.
Wenn damals jeder Flugzeugbauer seinen eigenen Motor geschlossert hätte, wären die Jungs alle ins Wasser gefallen. Aber nein, schon vor vierzig, fünfzig Jahren liefen die Flugzeugmotoren, so weit die Flügel trugen. Und heute traut sich mancher Autofahrer, dessen Motor kompliziert gefüttert wird, nicht aus der Reichweite seiner Service-Station heraus.
Verstehen Sie nun, daß ich eine Schwäche für die Fliegerei habe?

Solche Zeiten waren das...

Als man noch das Lied sang:
»Wer wird denn weinen, wenn was auseinandergeht, wo doch im kleinsten Dorf noch eine Schmiede steht.«
Haben Sie's gemerkt? Ich verfälsche alte Schlager. Und ich behaupte, mich genau entsinnen zu können, daß die Texte so und nicht anders in unser Ohr drangen, damals.
»... und ausgerechnet 'nen Chrysler, 'nen Chrysler verlangt sie von mir.
Da steht Chrysler für Bananen. Und seien wir doch mal ehrlich – was soll ich mit Bananen? In diesem Sinne viel Vergnügen!

Man fuhr Bugatti und rauchte Muratti.
Man sang den Schlager »Seit wann bläst deine Großmama Posaune?«

Wann das war? Nun, als es den Opel »Laubfrosch« gab und das Hanomag »Kommißbrot«, die DKW »Blutblase« und Herrn und Frau Raffke. Raffkes waren nach dem ersten Weltkrieg neureich geworden.
Die Berliner Illustrierte stellte die Preisfrage: »Was sagt Raffke beim Anblick des Kolosseums in Rom?«
Den ersten Preis bekam die Antwort:
»Baut nich, wenn ihr keen Jeld nicht habt!«
Damals sang man auch: »Der Neger hat sein Kind gebissen« und »Ich seh's an deiner Stirne – du hast ne weiche Birne!«
Solche Zeiten waren das. Der zu Lebenslänglich verdonnerte Angeklagte in Berlin-Moabit sagte zum Richter, als der ihm das Schlußwort bewilligte:
»Würdense bitte meiner Frau bestellen lassen, Herr Rat, daß ich nich zum Essen komme.«
Berlin war noch Berlin.
Und der später so berühmte Erich Maria Remarque (»Im Westen nichts Neues«) war noch Pressechef bei Continental Gummi.

»Du kannst alles von mir haben, nur das eine nicht...« Ein Erfolgslied aus einer der vielen Revuen, die es damals gab, weil es so viele große und kleine Revuetheater gab.
Die Berliner aber sangen:
»... nur die Scheine nicht!« Man tanzte im Resi. Und das Resi fragte:
»Wie viele Lampen brennen im Resi?« Eine kleine Verkäuferin erriet die Zahl der allnächtlichen Resi-Sterne und gewann ein Auto. Ein richtiges Auto – damals!
Was es wohl für ein Auto war? Ein Adler, ein Aga, ein Apollo, ein Audi oder gar ein Austro-Daimler?
Oder ein Baer, ein Beckmann oder gar ein Benz? Nein, ein BMW kann es nicht gewesen sein, den gab es erst ab 1929. Vielleicht ein Bob? Bis 1925 gab es einen Bob, eine Berliner Marke.
Wahrscheinlich war es ein Brennabor.
Wenn ich mich recht entsinne, sang Hans Albers in dem unvergeßlichen Tonfilm »Savoy-Hotel 217« das Lied:
»In meinem Herzen, Schatz, hat manche

Marke Platz. Da paßt ein Brennabor noch mit hinein.
Ich liebe den Ford A und fahr' 'nen Omega und wollt' ein Lancia der wäre mein!«
Möglich, daß der Text so nicht ganz stimmt. Aber, eines weiß ich genau. Marlene Dietrich sang im Blauen Engel:
»Ich bin von Kopf bis Fuß auf Autos eingestellt. Und das ist meine Welt – und sonst gar nichts.«
Jeder weiß, daß sie das sang. Nur meine Frau bestreitet es wieder einmal.
Oder hat die kleine Verkäuferin (Verkäuferinnen sind übrigens immer klein, insbesondere in Schlagern und Chansons) einen BZ gewonnen, den mit dem Zweizylinder-Boxermotor, 9 PS bei 3000 U/min von 1924? Der wurde in Berlin gebaut in der Bootswerft Zeppelinhafen in Postdamm-Wildpark.
Aber auch der Club kam aus Berlin, und auch der Cyclon und die Cyclonette, die nur drei Räder hatte.
Es kann natürlich auch ein Daimler gewesen sein. Oder ein Dinos, und wurde wiederum in

Berlin gebaut. Der 16/72er war schon über Hundert schnell. Aber, der war dem Resi sicher zu teuer. Der kleinen Verkäuferin hätte ich einen Dixi gewünscht. Den hätte sie nämlich behalten und unterhalten können, möglicherweise. Den kleinen natürlich. Es gab ja große Dixis. Meistens gab es große. Den kleinen bauten sie nur ein Jahr lang, die großen zweieinhalb Jahrzehnte lang. Heute wissen wir nur noch von dem kleinen, dem in Lizenz nachgebauten Austin Seven, aus dem 1929 der erste BMW-Wagen wurde. Und 1928 gab es den ersten DKW. Motor vorn, Antrieb hinten, aber schon Zweitakt. Die Dürkopp waren dem Resi wohl auch zu teuer, auch der Dux und der D-Wagen.
Ein Ego-Zweisitzer? Das wäre möglich. Der wurde auch in Berlin gebaut. Einliter-Vierzylinder, 14 PS, Spitze fünfundsiebzig.
Oder ein Elite, ein Fadag, ein Fafnir oder Falcon? Ein Faun oder gar ein Fiat? Vielleicht ein Ford?
Da fällt mir schon wieder ein Schlager ein,

und ich hoffe, daß mir mein Gedächtnis keinen Streich spielt:
»In einer kleinen Oldtimerei, da saßen wir zwei in einem Coupé, in einem Ford, von damals ein Ford, sie wußte sofort: Der war längst passé. Er roch nach Reifen und Benzin, sie flüstert leise von einer Reise auf einsamer Chaussee. In einer kleinen Oldtimerei da träumten wir zwei in einem Coupé...«
Solche Zeiten waren das. Kleine Verkäuferinnen sangen wehmütig: »Leb wohl, mein kleiner Hanomag-Chauffeur, leb wohl, leb wohl, und vergiß mich nicht, wenn das Rad auch bricht.«
Ja, für die Schlager von damals habe ich ein Gedächtnis. Wie gesagt, es hätte ein Ford sein können. Oder ein Freia. Sie sehen schon, daß ich Ihnen die Marken unterjubeln will, die es damals gab, als man das Lied sang:
»Was machst du mit dem Benz lieber Hans, mit dem Benz lieber Hans für'n Tanz?
Warum drückst du auf die Hupe so sehr, warum fährst du mit dem Ding hin und her?
Ja was machst du, ja was machst du? Schau

der Franz mit dem Horch, der kann's!«
Vielleicht war es ein Fulmina. Oder ein Grade, ein Gräf & Stift, nein, zu teuer. Ein Hanomag wird es gewesen sein, ein Kommißbrot, genauso volksnah wie der Dixie, aber früher da. Als es den Tonfilm noch nicht gab. In einem der ersten Tonfilme aber sang Willi Fritsch:
»Du bist das einzigste Mädel der Welt, das mir so gut wie mein Dixi gefällt. Mein kleiner Wagen paßt einfach phantastisch zu dir, drum bleib bei mir, bleib doch bei mir...«
Solche Zeiten waren das. Man sang noch ganz unbekümmert vor sich hin.
»... und ausgerechnet 'nen Chrysler, 'nen Chrysler verlangt sie von mir.«
Die Amerikaner drängten auf den deutschen Markt. Mit herrlichen Motoren, herrlichen Karosserien und herrlichen Preisen. Billigen Preisen! Der deutschen Automobilindustrie wurde mulmig zumute und man riet den Deutschen, deutsche Autos zu kaufen. Deshalb wird es kein Chrysler gewesen sein, den das Resi spendierte. Eher ein Hansa, ein

Hataz, sicher kein Horch. Bei diesem Namen fallen uns immer gleich acht Zylinder ein. Aber, es gab bis 1926 einen Vierzylinder-Horch. Und bis 1924 sogar einen kleinen Vierzylinder mit zweieinhalb Liter und 35 PS. Ich weiß, daß es die wenigsten wissen. In meiner Erinnerung lebt ja auch nur der Horch 8, der leise, geschmeidige.
Zudem fällt mir Ringelnatz ein: »Vorbei, verjährt, doch nimmer vergessen. Ich reise. Alles, was lange währt, ist leise.« Das hat er wirklich gesagt, aber es ist möglich, daß er gar keinen Horch gemeint hat. Kann sein, daß auch Arthur Rimbaud nicht die Liebe im Auto meinte, die es damals schon gab (und wie!), als er die Verse setzte:
»Sie war fast gänzlich ausgezogen, und hohe Bäume drängten da ihr Laub hin zu den Fensterbogen, aufdringlich, hämisch, nah, ganz nah.«
Ein Bestseller war damals der Opel »Laubfrosch«, 4/14 PS, zweisitzig, abgelöst vom 4/16er und vom 4/20er.
Zu den Bestseller-Autoren zählte Waldemar

Bonsels, der Dichter der »Biene Maja«.
Einen Maja gab es übrigens auch in den zwanziger Jahren.
Ganz oben auf der Bestsellerliste, die es damals zum Glück noch gar nicht gab, stand Oswald Spenglers »Untergang des Abendlandes«.
Wie er nur auf diesen Titel kam, wo doch die Verkehrsdichte noch ganz gering war?!
Irgendwer schrieb damals über eine Winterfahrt:
»Du hauchst in das Eis der Scheibe hinein. . .«
und Hans Carossa schrieb unter Telegrafenstangen: »Eine Harfe von Drähten summt in der Allee. Spuren von Rädern glänzen im Schnee. . .«
Wir wohnten im Thüringer Wald, und ich kenne dieses Bild, und ich hörte als Kind auch die Telegrafendrähte summen. Es gibt da ein Foto aus jenen Tagen. Ich sitze auf dem Trittbrett eines Opel, die Arme vor der Brust verschränkt. Ich mache ein übermäßig würdevolles Gesicht. Ganz so, wie Fridolin Tschudi schrieb:

»Leicht vergilbt und halb verbogen und auf Karton aufgezogen blicken wir im Querformat auf dem Bild mit kurzer Hose und betonter Schülerpose in den Fotoapparat.«
Hübsche Verse waren das. Damals las man sie noch. Heute muß es schon eine Schlagzeile sein:
»Zehn Kilo Hasch im Unterrock!« Aber, auch dazu ließe sich ein Verschen machen:
»Zehn Kilo Hasch im Unterrock und wenig Po und Busen. Ein Mädchen wie ein Ladestock und dennoch reizt der Mini-Rock zum Flirten und zum Schmusen.«
Weil ich gerade selber dichte, kann ich an der Zeile, mit der diese Geschichte beginnt, nicht vorübergehen: »Man fuhr Bugatti und rauchte Muratti.
Man war der Carmen treu und hatte Geld wie Heu. Und von Berlin bis Wien roch jeder nach Benzin. Man war halt Lebemann und hielt sich dran.«
Wußten Sie, weshalb Tucholsky seinen Band »Die Sommergeschichte« einer Auto-Nummer widmete?

Auf der ersten Seite dieses Buches steht: »Für IA 47407« – und das war exakt die Zulassungsnummer eines offenen, viertürigen Chevrolet. Er gehörte der Journalistin Lisa Matthias. Sie war Tucholskys Freundin, und er nannte sie Lottchen.
Lottchen fuhr mit dem Chevi über Belgien nach England und von da über Holland zurück nach Berlin. Sie berichtete über diese Fahrt in Funk und Presse unter der Überschrift: »Mit dem Auto durch die Welt.«
Solche Zeiten waren das. Die Autos hatten vorne und hinten starre Achsen und Blattfedern, und ich entsinne mich, daß man damals sang (meine Frau bestreitet es schon wieder): »Wer wird denn weinen, wenn was auseinandergeht – solang' im kleinsten Dorf noch eine Schmiede steht. So'n kleiner Federbruch ist 'ne Lappalie, bloß: Zwei Stunden oder drei dann braust man wieder los.«
Was man so unter »brausen« verstand. Man brauste ja gar nicht wirklich, man fuhr. Man schaute sich um in der Gegend. Daß wir heute 100 für geschlichen halten, wer hätte es

je gedacht, als Heinz Behrend schrieb:
»Denn Pünktlichkeit hat keine Zeit für all die schönen Sachen, die gerade bei der Trödelei die meiste Freude machen.«
Das Auto machte schon Freude. Es gab so herrliche Wagen. Ich wollte Sie ihnen ja alle aufzählen, aber ich bin wohl nur bis zum Buchstaben H gekommen.
Nicht den Komnick, nicht den Ley, den Lindcar und den Mannesmann, den Mauser, den Maybach, den Mölkamp und den Moll habe ich erwähnt. Den NAG und NSU vergessen. Auch den Nug, den Perl und den Pluto, den Presto, Protos und den Puch, Rumpler und Röhr, Selve und Simpson, Sphinx und Stieger, Steyr, Stoewer und Stolle, Szawe und Tatra, Voran und Wanderer. Ich hätte sie erwähnen sollen. Wie bitte? Nein, ich meinte vorhin den Steiger. Nicht den Staiger, aber den gab es auch. Jawohl, von Auto-Staiger in Stuttgart, so um 1925 herum.
So viele Marken, so viele Lieder. »Das gab's nur einmal, das kommt nicht wieder, das waren Autos einst im Mai – so jung wie

Veilchen, so schön wie Flieder, und vor dem Kühler war die Straße frei!«
Das ist auch aus einem Film. Der Fritsch und die Harvey haben das gesungen, wenn ich mich recht erinnere. Die vielen Marken, sie bereinigten sich von selbst. Vieles andere wurde bereinigt.
Die goldenen Zwanziger waren so vergessen, wie sie es heute nicht mehr sind, als 1933 die braunen Dreißiger ausbrachen. Man sah es schon daran, daß auch die Buchstabiertafel für den Fernsprechverkehr abgeändert wurde. Und zwar dahingehend, daß David durch Dora, Jakob durch Julius, Nathan durch Nikolaus, Samuel durch Siegfried und Zacharias durch Zeppelin ersetzt wurde.
Aber sie fuhren noch lange bis in die Dreißiger hinein über die Straßen, die Kommißbrote, die Laubfrösche, die Dixis. Und die Lieder sang man bis in den Krieg hinein, und dann erst recht. Das gab's nur einmal!
Wer wird denn weinen, wenn...?
In einer kleinen Oldtimerei...
Das nächstemal erzähle ich Ihnen, wie man

zu einem Oldtimer kommt, wie man ihn restauriert, wie man ihn sich hält. Heute wollte ich Sie schon einmal ein wenig in Stimmung bringen.
Wenn Sie nun einer fragt, wieso Sie sich plötzlich für Oldtimer interessieren, dann singen Sie doch einfach zurück:
»Seit wann bläst deine Großmama Posaune?«
Womit der Fall erledigt wäre.

Aktion Safety first

Den amerikanischen Autobauern machten 1972, als diese Geschichte geschrieben wurde, die Importe europäischer und japanischer Kleinwagen große Sorgen.
Die amerikanischen Käufer schienen sich in kleine, kompakte Autos zu verlieben, der Straßenkreuzer geriet beinahe in Verruf.
Die Industrie-Lobby versuchte, den kleinen Autos aus Übersee den Makel anzuhängen, sie seien ihrer geringen Karosserieabmessungen wegen lebensgefährlich.
Und in den Detroiter Chef-Etagen wurde so mancher Schachzug erwogen, der dazu geeignet sein könnte, die lästige Konkurrenz aus Übersee zu diskriminieren.
In schöner Übertreibung fiel mir dazu die nachfolgende Story ein.

Die Sonne war vor wenigen Minuten untergegangen. Im Park sang noch ein Vogel, und von ferne hörte man das Rauschen des Meeres. Es konnte aber auch der Berufsverkehr von den Highways sein.
Das Licht in dem großen, prunkvoll möblierten Zimmer war plötzlich aufgeflammt, ohne daß jemand einen Schalter berührt hätte. Die Vorhänge schlossen sich, wie von Geisterhand bewegt. Die Background-music, die durch das ganze Haus schwebte, ließ gerade Louis Armstrong zu Wort kommen – Blueberry-Hill. Es war eine ausgezeichnete Lautsprecheranlage.
»Es ist im Prinzip ganz einfach«, sagte Pinus Montana, »aber man darf keine Skrupel haben, schon gar nicht zu Beginn der Aktion.« Er lehnte sich zurück, hob das geschliffene Glas und blickte durch die goldgelbe Flüssigkeit hindurch auf den Kronleuchter. Es war ein hübsches Bild, das er da sah. Erst recht, wenn er ein Auge zukniff. Pinus Montana hatte eine Schwäche für optische Genüsse. Baby Moll war ein Beweis

dafür. Und Lucia Barbarella. Und Gwendolyn Monroe – sie hatte die gleichnamigen Stoßdämpfer zwar nicht erfunden, aber sie sah ganz danach aus.
»Legen Sie schon los«, knurrte Steve McMahon vom Departement F, nicht ohne den Stuhl, auf den er sich setzen wollte, vorher zu prüfen und dabei auf den Kopf zu stellen.
»Keine Wanzen«, sagte Pinus Montana lächelnd, »wir sind doch hier nicht beim FB 3. Also, wenn die Maffia den Auftrag bekommt, garantiere ich den Erfolg. Nur eines – ihr dürft beim Leichenzählen kein vorwurfsvolles Gesicht machen!«
Er schlürfte die goldgelbe Flüssigkeit mit Behagen. Ein sterbender Eiswürfel klirrte schwach ein letztes Mal.
»Sie kennen die Zahl, die wir bewilligen«, sagte Steve McMahon, »für jede Leiche mehr werden wir ihre Leute zur Verantwortung ziehen. Also, bei fünftausend ist Schluß, klar?!«
Pinus Montana schloß beide Augen, schwieg ein Weilchen und sagte dann:

»Wir brauchen eine Toleranz nach oben. Sagen wir fünf Prozent. Es läßt sich so genau nicht einrichten.«
»Ich werde mich dafür einsetzen«, antwortete Steve McMahon, nahm den Stuhl rittlings zwischen die Beine, lümmelte sich mit Armen und Kinn auf die Lehne und sagte knapp: »Details!«
Es klang wie ein Befehl, und deshalb nahm sich Pinus Montana mit der Antwort Zeit. Er goß umständlich aus der Flasche mit dem weißen Pferd eine respektable Menge der goldgelben Flüssigkeit in das geschliffene Glas, angelte sich zwei Eiswürfel und versetzte das Ganze in eine langsam drehende Bewegung. Dann sprach er: »Wir nehmen nur Autos mit ein bis zwei Figuren drin. Das ergibt mehr Autos, wissen Sie. Und die brauchen wir.«
Es gehörte zu McMahons Prinzip, nicht vorschnell mit dem Kopf zu nicken.
»Sie wissen doch nicht vorher, wie viele drinsitzen werden«, warf er ein.
»Das nicht. Aber wir lösen eben nicht aus,

wenn mehr als zwei drinsitzen. So einfach ist das. Passen Sie auf McMahon, es funktioniert so:«

Pinus Montana machte einen Doppelpunkt, unterstrich ihn mit einem tiefen Schluck aus dem Glas und begann endlich, den Siam-Kater aus dem Beutel zu lassen.

»Unsere Leute sind überall...«

»Wem sagen Sie das...«

... also auch in den Tokota-Werkstätten, in den Service-Stationen von Auweh, bei Dryempff und bei Finca, bei Kritisch-Elend und bei Giat. Na, eben überall, wo man sich um die lieben Kleinen kümmert.

Er lachte, und dieses Lachen klang eine Nuance zu schäbig. McMahon machte ein Gesicht, als sei es von einem faulen Ei getroffen worden. Er mochte solche Leute nicht, aber es war sein Job, mit ihnen umzugehen. Und in diesem speziellen Fall war Montanas Organisation die einzige, die das Problem zu lösen vermochte. Es ging um die Zukunft des Landes. Gewissermaßen. Schlüsselindustrie, na, Sie wissen schon.

Profit heiligt die Mittel.
Pinus Montana schien einen verborgenen Knopf berührt zu haben, denn die Tür öffnete sich, und ein Mann trat auf die Schwelle. Er sagte nur »Boß?!«
Es klang fragend, aber doch auch bestimmt, auf keinen Fall klang es unterwürfig. »Komm rein, Taxus«, sagte Pinus Montana, »du bist dran.« Der Mann trat ein. Die Tür schloß sich hinter ihm mit einem dumpfen Zischen.
»Taxus Baccata, mein bester Mann«, sagte Montana.
»Hallo«, sagte Baccata.
»Hallo«, sagte McMahon.
»Leg los!« befahl Montana. Baccata nickte, setzte sich auf die Lehne eines hübschen Ohrsessels und schob seinen breitkrempigen Hut auf den Hinterkopf. Er behielt die Handschuhe an. Das fiel McMahon auf. »Unsere Jungs bauen das Ding ein, in diese Spielzeug-Autos. Wenn irgend 'ne Reparatur ist oder 'ne Inspektion. Das Ding kann wochenlang drinbleiben, bis es ausgelöst wird. Keiner sieht es. Dafür ist gesorgt. Für jeden Typ

haben wir ’ne Einbau-Nische ’rausgesucht. Klar.«
»Was ist das für ein Ding?« fragte McMahon.
»Ein kleines Kästchen. Mehr ist wohl uninteressant...«
Baccata blickte fragend zu Montana hinüber.
»Absolut«, nickte Montana, »mach weiter!«
»Naja«, sagte Taxus Baccata, »der Rest ist Spazierenfahren. Die Jungs freuen sich schon drauf.«
»Die aus den Werkstätten?«
»Natürlich nicht. Die bleiben dort. Die Jungs vom Außendienst machen das.« Baccata gab zu verstehen, daß er gern ein Glas in der Hand halten würde. Montana nickte:
»Bedien dich doch«, sagte er.
Baccata streifte die Handschuhe nicht ab. Sie schienen angewachsen. Er berührte mit ihnen Glas, Flasche und Eiszange.
»Aha!« dachte McMahon.
»Eine liebe Gewohnheit. Von Fingerabdrükken hält der nicht viel.«
Montana blickte amüsiert.
»Er zieht sie nicht mal aus, wenn er mit seiner

Braut zusammen ist«, sagte er.
Baccata grinste breit.
McMahon sagte: »Armes Mädchen.« Alle drei lachten.

★

McMahon nahm das Fachgespräch wieder auf. »Ein Kästchen«, sagte er, »und Sie sprachen von auslösen. Also Sprengstoff. Und davon meine Herren, halte ich überhaupt nichts.«
Er stieg vom Stuhl ab, den er wie ein Pferd geritten hatte und machte ein paar Schritte zum Kamin hinüber. Dort lehnte er sich lässig an.
»Sprengstoff...«, murmelte Taxus Baccata mit angewiderter Miene, »wir sind doch nicht von gestern.« Montana schüttelte den Kopf wohl ein dutzendmal.
Dann sagte er:
»Ihr Jungs vom FB 3 seid aber auch nicht mehr das, was man so erwartet.« Sein Mienenspiel drückte aus, daß er den guten alten Zeiten nachtrauerte.

»Also, was ist es dann?«, fragte McMahon schroff. Er ärgerte sich. Er hatte wieder einmal zu voreilig geredet. Er hätte zuhören müssen, und Geduld haben.
Das alte Lied. Aber – eine Schwäche hat wohl jeder.
»In der Kecksdose«, sagte Baccata, »ist kein Knallfrosch drin. Innendrin sieht sie aus wie 'ne Musikschachtel. Und wenn wir sie über Funk anstellen, können Sie auch was hören. Vorausgesetzt, daß es stimmt, daß die Engel im Himmel singen...«
Montana unterbrach seinen besten Mann mit einem krächzenden Lachen.
»Über Funk?«, fragte McMahon.
»Wie denn sonst?«, gab Baccata zurück.
»Also, zwei Jungs fahren hinterher. Und wenn die Situation danach ist, lösen sie aus. Und bei dem Kleinen vor ihnen ist die Hölle los. Die Mühle kriegt Vollgas und im Bremszylinder ist Funkstille. Und das vor 'ner scharfen Kurve oder hinter 'nem Tankwagen bei Gegenverkehr. Keine Bange, die Jungs sind ja als erste zur Stelle. Sie klemmen das

Ding schnell wieder ab, sofern sie drankommen. Wenn nicht, kommen die Trümmer sowieso in ’ne Werkstatt, in der unsere Leute sitzen.«

McMahon schloß die Augen. Weder Baccata noch Montana sollten sehen, wie sie zufrieden aufblitzten.

»Fabelhaft!«, hätte er ausrufen mögen. Aber er sagte: »Ich weiß nicht recht...«

»Wollen Sie den Preis drücken?«, fragte Montana lauernd.

»Es funktioniert hundertprozentig«, sagte Baccata.

»Wir haben ein halbes Dutzend Generalproben gemacht. Sie können sich die Filme ansehen...«

»Danke-danke!«, wehrte McMahon ab. »Ich glaube, ich glaub’s auch so. Es klingt nur im Anfang so, als wären ein paar Haken dran.«

»Nicht mal ein Häkchen«, sagte Baccata.»Und das bei dreitausend Wägelchen«, rief Montana beinahe verzückt. »Es wird sich rumsprechen. Und es wird sich in der Statistik niederschlagen. Und, wenn es nicht reichen

sollte, McMahon, wir stehen zur Verfügung. Die Aktion kann verlängert werden. Ich bin ohnehin der Meinung, daß zehntausend Leichen...« McMahon winkte schroff ab.
»Die Auswertung überlassen Sie gefälligst uns.« Er löste sich vom Kamin und begann, im Raum auf und ab zu schreiten.
»Am Ende wird ein Gesetz stehen«, sagte er, »das alle Automobile unter fünfmeterachtzig Gesamtlänge, zwei Tonnen Gewicht und sieben Liter Hubraum verbietet.« Er hatte die Hände hinter dem Rücken verschlungen und stolzierte umher wie ein Schullehrer, den Rücken sehr gerade haltend, das Kinn vorgestreckt.
»Sieht so aus«, murmelte Montana, »als würde in seinem Inneren gerade die Nationalhymne geblasen.«
Baccata grinste: »Laß ihm doch das Vergnügen.«
»Denn eins ist klar, meine Herren«, schmetterte McMahon plötzlich los, »es geht hier um die Sicherheit unserer Bürger!«
»Und ob«, murmelte Baccata. Montana

nickte bedeutungsvoll mehrmals mit dem Kopf. Dann sagte er: »Können wir morgen loslegen?«
McMahon blieb stehen, überlegte, senkte dann den Kopf und sagte: »So kurz vor Weihnachten? Ich weiß nicht recht. Warten wir besser das neue Jahr ab. Wissen Sie, es ist auch wegen der Statistik...«
»Ja natürlich«, polterte Pinus Montana, »das leuchtet ein.«
Die Statistik, Taxus!
»Daran haben wir nicht gedacht...«
»Wozu haben wir denn die Jungs vom FB 3...«, sagte Baccata.

★

In diesem Augenblick erwachte der Präsident von Crazy Motors.
»Hast du gut geschlafen?«, fragte ihn seine Frau.
»Ausgezeichnet«, sagte er. »Du hast mich nur zu früh geweckt...«
Und dann saß er noch lange auf der Bettkante und machte ein verträumtes Gesicht.

Hallo Dienstmann

Als Oldtimer-Sammler bin ich unverwüstlich. Mich interessieren alle Fahrzeuge, die in meinem und im Leben des kleinen Mannes schlechthin eine Rolle gespielt haben, also jene, die im Straßenverkehr vergangener Jahrzehnte eifrig mitmischten.
Wenn ich ein solches Automobil erworben habe, dann habe ich es nicht nur in mein Museum gestellt, sondern ich habe auch ausgiebig damit gespielt, wie die nachfolgende wahre Geschichte beweist.

Es mag eine Unmenge von Menschen geben, denen ein alter Dreirad-Lieferwagen nicht das geringste bedeutet. Und wahrscheinlich liegen sie damit richtig. Ich bedaure sie aber trotzdem.
Als der top-restaurierte Goliath GD 750 aus dem Jahr 1952 plötzlich vor mir stand, mit

frischem TÜV in den Papieren und einem geheimnisvollen Lächeln in der Schnauze, verlor ich stehenden Fußes die Nerven und kaufte ihn.
Meine Frau hatte das Unvermeidliche kommen sehen, unser Scheckbuch an sich genommen und mit demselben die Flucht ergriffen – das hat ihr zwar noch nie etwas genützt, aber sie versucht es immer wieder.
Nun gehört er mir. Damals, als alles von vorne begann, in der Aufbauzeit nach dem Krieg, war solch ein Dreirad eine Voll-Existenz. »Kleintransporte aller Art – Telefon 77 77« – wer so inserieren konnte, der hatte ausgesorgt.
Mit 13 PS aus 396 cm^3 Hubraum, die eine Dreivierteltonne Nutzlast bewegen durften, war man Fuhrunternehmer. Es gab so viel zu transportieren, man baute auf und baute um, schaffte an und schaffte ab, und es gab so wenige Automobile.
Tempo in Harburg und Goliath in Bremen vermochten die Nachfrage nach Dreiradlieferwagen kaum zu befriedigen. Natürlich

wurden sie alle auf Raten gekauft. Mein Goliath kostete damals 3500 Mark. Das war mindestens so viel wie heute 10 000 Mark. Und die DM war eben erst erfunden worden. Mit einem zugelassenen, fahrbereiten Dreiradlieferwagen hinterm Haus komme ich natürlich nicht zur Ruhe. Mir fiel ein, daß mich vor einiger Zeit einer gefragt hatte: »Wissen Sie keinen, der einen Schrank, ein Sofa und zwei Sessel von Vogt nach Kißlegg transportiert?«
Er fragte für einen Bekannten. Und wir diskutierten darüber, daß man heute gleich einen Transporter mieten muß und keinen rufen kann, der Kleintransporte macht – billig und ohne daß man darum betteln muß.
Ich blickte aus dem Fenster, da stand der Goliath. Ich verschränkte die Hände auf dem Rücken und schritt im Zimmer auf und ab. Meine Frau bemerkte, wie es in mir arbeitete, uns sie machte ihr argwöhnisches Gesicht. Ihr ist nie ganz wohl, wenn sie spürt, daß ich etwas ausbrüte. Zu allem Überfluß fragte ich bald: »Wo ist eingentlich meine alte Leder-

jacke, die ganz alte, du weißt schon...«
Danach ging ich zum Telefon. »Sie fragten neulich nach einem, der Kleintransporte macht. Ich habe da per Zufall eine Adresse. Wo soll ich den Mann hinschicken?«
Ich bekam eine Telefonnummer. Die rief ich an. Während es am anderen Ende der Strippe läutete, versuchte ich, mich in die Rolle eines Mannes hineinzusteigern, der in eine alte Lederjacke gehüllt, mit einem Dreirad Kleintransporte macht.
»Hallo«, rief ich so unrasiert wie möglich in die Muschel, »Kleintransporte hier. Sie haben was zu fahren, Möbel nach Kißlegg?«
»Oh ja«, eine Frauenstimme klang freudig bewegt. »Wer sind Sie?« Wir einigten uns auf übermorgen früh neun Uhr. Sie war damit einverstanden, daß Sie die Fuhre 20 Mark kosten würde.
Am nächsten Morgen rasierte ich mich nicht.
Am übernächsten Morgen rasierte ich mich erst recht nicht und wusch mich nur flüchtig.
Ich zog sehr alte Schuhe an, meine älteste Lederjacke und eine verfilzten Pullover.

Dazu setzte ich eine passende Mütze auf und zog grüne Strickhandschuhe über.
»Fein siehst du aus«, sagte meine Frau, »ich wette, sie bieten dir einen Schnaps an und geben dir eine Zigarre.«
»Schön wär's«, erwiderte ich, »genau darauf will ich ja hinaus.«
Dann kletterte ich in meinen Kleintransporter. Ich zog den Choke, drückte den Hebel auf den Anlasserkontakt (so war das schon beim Dixi von 1928) und gab ein wenig Gas. Blubb – blubb – blubb – päng – päng. Der Motor begann, den Hof mit einer blauen Wolke zu füllen. Es war ein kühler Morgen in der letzten Oktoberwoche. Die Frontscheibe beschlug sofort. Ich wischte sie mit dem bunten Schnupftuch ab, das eigentlich eine rotweiß-karierte Serviette ist. Ein buntes Schnupftuch haben wir nie besessen.
Als der Motor warm geworden war, zog der Goliath davon. Ich fand das Haus am Rabenberg, und weil der Goliath nicht zu überhören war, brauchte ich nicht zu klingeln. Eine junge Frau eilte die Stufen herab und jubelte:

»Guten Morgen, wie schön, daß Sie pünktlich sind.«
»Gute Frau«, knurrte ich, »ich bin seit 30 Jahren pünktlich.«
»Kommen Sie erst mal rein und trinken Sie einen Schnaps«, rief sie. Ich blieb auf den Treppenstufen stehen. »Schnaps? Nee, danke. Ein Kaffee und 'ne Zigarre wär' mir lieber.«
Das bunte Tuch hing aus der Tasche meiner Lederjacke. Ich kam mir unsagbar echt vor, und so saß ich auch in der Küche: Ich hatte weder die Jacke ausgezogen noch die Mütze abgenommen. Zum Kaffee kam auch die Zigarre. Es war eine billige, und es fiel mir nicht schwer, ab und zu krächzend zu husten.
»Das ist aber ein ulkiges kleines Auto«, sagte die junge Frau unvorsichtig, »so eines habe ich noch nie gesehen.«
»Wenn es kein ulkiges kleines Auto wäre«, haderte ich, »würde es auch mehr als zwanzig Mark kosten.« Ich schlürfte beim Trinken.
»Aber ja, ich finde es ganz prima«, sagte sie schnell. »Mein Mann sagt, früher hätten sie

alles mit solchen Dreirädern gemacht.«
»Ihr Mann ist wohl älter als Sie?« Sie wurde verlegen. »Ja, ziemlich.«
Ich erhob mich. »Es gibt Schlimmeres«, knurrte ich. »Aber wer hilft mir jetzt beim Aufladen?«
Als wir ins Freie traten, jeder mit einem alten Sessel vor dem Bauch, war der Goliath von Kindern umringt wie ein reisendes Kasperle-Theater.
»He weg da«, rief ich. Wir stellten die Sessel auf dem Gehweg ab. Drüben blieb ein älterer Herr stehen und begann, mit schräg geneigtem Kopf herüberzuäugen. Er trug einen Bart, in dem er nervös herumfingerte. Dann sprach er eine Frau an, die vorübereilen wollte. Sie verharrte und blickte ebenfalls zu uns her. Er schien ihr die Szene zu erklären. Sie nickte und stellte sich bequem – es gab was zu sehen. Es kamen noch ein paar Leute hinzu. Sie kamen auch näher und begannen, Fragen zu stellen.
»Wennse mir den Schrank und das Sofa mit raufheben«, ächzte ich, »verrate ich Ihnen

auch, wie alt der ist.«
»Der ist noch vor dem Krieg«, sagte einer.
»Das ist ein Tempo«, sagte der Herr mit dem Bart, »aber das Baujahr weiß ich nicht.«
Die Männer halfen beim Aufladen. »Es ist ein Goliath«, sagte ich, »und er ist erst 26 Jahre alt. Ich wollte, ich wäre so jung.« Es wurde gelacht.
Nur der kleine Junge, der ständig von einem Bein aufs andere hüpfte, sang vor sich hin: »Das ist ein Klapperkasten, das ist ein Klapperkasten.« Bis ihm der Herr mit dem Bart eine Ohrfeige gab.
»So einen fuhr unser Gemüsehändler«, sagte die ältere Dame, »damals in Berlin. Da gab es viele davon.«
Ich fuhr über Stocken, Karsee und Leupolz nach Kißlegg. Es ist eine schöne aber etwas bergige Gegend. Und in den Bergen war der Goliath beliebter als der Tempo, denn er hat Hinterradantrieb mit Kardanwelle und Differential.
Der Tempo schickt seine Pferdchen über eine Kette direkt an das unter dem Motor liegende

Rad. Das macht weniger Übertragungsverluste, aber im Winter, wenn sich das Vorderrad eine eigene Fahrspur suchen muß, auch Kummer.
Ich schnüre mit 45 dahin. »Im Bereich zwischen 40 und 50 km/h«, sagt ein zeitgenössischer Test, »haben wir den günstigsten Verbrauch ermittelt, er liegt bei rund 6,5 Liter. Ohne Zuladung ist es ein Liter weniger. Bei voller Auslastung erreicht der Wagen in 56 Sekunden eine Geschwindigkeit von 60 km/h.«
Das wurde damals nicht gerügt. Viel wichtiger ist es, daß der Kleine in 20 Sekunden auf 40 zu bringen ist. Das ist das Ende vom dritten Gang, und da kommt man sich beinahe lebhaft vor.
Es ist wie Radfahren. Man spürt die geringste Steigung, die mit bloßem Auge kaum wahrzunehmen ist. Man schaltet zurück – mit Zwischengas. Einem geübten Oldtimer-Fahrer macht das keine Mühe. Der kleine Zweitakter kläfft neben meinem rechten Bein. Er sitzt in Längsrichtung hinter dem Vorderrad.

Der Schalthebel ragt neben meinem Knie aus dem Getriebekasten. Die Schaltung geht exakt, ohne Spiel, mit Klick und Klack. Über dem Vorderrad sitzt der Kühler, über dem Motor der 14 Liter-Tank.
Ich habe mein Fenster heruntergekurbelt und den Arm auf die Kante gelegt. Ich sitze bequem. Und bei diesem Tempo stört der Fahrtwind überhaupt nicht. Ich kann ungestört an meinem Zigarrenstummel kauen.
Es klart auf. Über der Alpenkette ist der Himmel schon stahlblau. Der Nebel hat sich auf die Wiesen gelegt, und die Kühe laufen wie in Watte herum, Aber die Luft ist blitzblank und durchsichtig, die Straßen trocknen und werden hell.
Ich überhole einen Traktor – ja, ich bin dreimal so schnell wie er. Zum Karsee hinunter lasse ich das Wägelchen laufen mit allem, was drin ist: 60–65 km/h. Der zeitgenössische Test gibt die Höchstgeschwindigkeit mit 64 km/h an. Dabei dreht der Motor mit 4250/min.
Die Richtungsstabilität ist gut, und das Vorderrad flattert nicht. Es erscheint mir auch

weich gefedert, denn es springt nicht, sondern schluckt.
Vor dem See biege ich links ab, scharfe Kurve. Ich gehe auf 30 km/h runter und ziehe im dritten Gang aus der Kurve raus. Geht doch prima. Es ist Zeit, ein Liedchen zu pfeifen. Das Milchauto überholt mich, zornig brummend kotzt es mir eine Dieselwolke ins Gesicht. Das Milchauto hat es immer eilig. Nach einer halben Stunde bin ich in Kißlegg und suche das Haus, wo die Möbel hin sollen. Ein älteres Ehepaar erwartet mich schon. Der Mann ist außer sich vor Begeisterung, als er den Goliath sieht. Und er kann es kaum fassen, daß es so etwas noch gibt und daß es ausgerechnet zu ihm kommt. Ich muß erst ein Bier mit ihm trinken in der guten Stube.
Er schwärmt von den alten Zeiten, als die Handwerker und die Händler noch mit einem Dreirad zufrieden waren. Und am Ende der Flasche fragt er mich neidvoll: »Wie geht denn Ihr Geschäft?«
»Es nährt seinen Mann«, sage ich, »da kann man kaum klagen.« Und ich schneuze mich

herzhaft in das bunte Tuch. Kaum haben wir abgeladen, springt eine Frau vom Fahrrad. »Sagen Sie, machen Sie Transporte?«
Nun, ich will nicht ausschweifen. Der Tag verlief so: Die Frau hatte eine Nachtstromspeicherheizung, einen Kühlschrank und einen Kinderwagen nach Unterschwarzach zu bringen. Und das brachte wieder zwanzig Mark. Der Empfänger in Unterschwarzach kannte einen der einen Bauernschrank erworben hatte, den er gern nach Wassers schaffen würde – aber womit? Wassers liegt auf meinem Heimweg. Also sage ich: »Für fünfzehn Mark läßt sich das machen.«
Fünf Mark Trinkgeld habe ich auch schon in der Tasche. Es ist ein schöner Bauernschrank. Ich hätte doch lieber zwanzig Mark nehmen sollen.
Bis um fünf bin ich unterwegs. Der Goliath schnurrt zufrieden, und ich bin es auch. Er hat nie viel schleppen müssen, und doch habe ich sechzig Mark eingenommen. Unterwegs habe ich einen warmen Leberkäs' gegessen mit einer Laugenbrezel.

Und alle wollten sie meine Telefonnummer haben für's nächste Mal. Aber ich habe abgewinkt: »Ich geb' das Geschäft auf.« Sie haben es sehr bedauert. Einer hielt sich für schlau. Er vermochte seine Lüsternheit nicht zu verbergen. Er war scharf auf den Goliath. Aber er bot mir nur 500 Mark.
Das Zehnfache hatte er mich gekostet. »Neenee«, habe ich ihn abfahren lassen, »den kriegt mal mein Schwiegersohn. Da hat er 'ne Existenz.« Wenn mein Schwiegersohn das liest.
»Es kommt eben alles wieder«, sagte einer in der Runde, »so ein Ding ist genügsam, und Arbeit gibt es genug.« Da schritten sie alle noch einmal um den Goliath herum, und natürlich fehlte auch der nicht, der gegen das Hinterrad trat und feststellte, das sei eben noch Qualität gewesen damals.
Über dem Metzisweiler Weiher zog schon Nebel auf. Silbern glitzerte die Alpenkette über den grünen Wiesen und den bunten Wäldern. Die Luft wurde feucht, und der Goliath-Motor wurde weich und leise, wie

das die Motoren hier so an sich haben kurz vor dem Abendläuten.
Zwischen den Kuhherden, die von den Weiden in die Ställe trabten mit vollen Eutern, strebte ich heimwärts. »Das hat ja ewig gedauert«, sagte meine Frau, »wie viele Pannen hast du denn gehabt?«
Ich nahm zum erstenmal die Mütze ab, weil ich das dringende Bedürfnis verspürte mir den Kopf zu kratzen.
»Das war ein Tag«, sage ich, »an dem die Welt in Ordnung war. Und es gabe überhaupt keine Probleme.«
Als es raus war, überfiel mich Trübsal. Morgen mußt du dich wieder rasieren, schoß es mir durch den Kopf. Und die Mütze abnehmen. Und Mercedes fahren. Ich kann jeden verstehen, der den Bettel hinschmeißt und Kleintransporte aller Art macht.
Nur eines war mir unangenehm. Als ich in dem Metzgerladen stand in meinen alten Schuhen und meinen Leberkäs verzehrte, die Mütze auf dem Kopf, das bunte Schnupftuch herausbaumelnd und schon zweimal nicht

rasiert, zog ein Herr, bevor er den Laden verließ, den Hut und sagte laut und deutlich: »Grüß Gott, Herr Busch.«
Was muß der Mann von mir denken?

Schon lange vor Daimler

Schon 1972, noch vor der ersten Ölkrise, machten sich Insider Gedanken über Energie-Einsparung und Umweltbelastung.
Aber auch von Aerodynamik ist in dieser Geschichte schon die Rede.
Man las und hörte oft von irgendwelchen Alternativen zum Verbrennungsmotor. Und es gab die kühnsten Theorien und Vorschläge.
Auch ich wollte hierzu meinen Beitrag leisten.

»Die Wagen rollen auf den Gassen und rasseln auf den Straßen. Sie glänzen wie Fackeln und fahren untereinander her wie die Blitze.«
Nahum Kap. 2, Vers 3.

Bei Nahum steht nicht, daß sie auch stanken. So kann es jedenfalls nicht weitergehen. Neulich wurde ein Verkehrspolizist, als er sich zum Feierabend eine Zigarre anzünden wollte, derart von Glühzündungen geschüttelt, daß die Detonationen seiner Auspuffgeräusche die dreizehn Monate alte Tochter der Nachbarin aus dem Schlaf rissen, die daraufhin Anzeige erstattete. Wir sind angefüllt von giftigen Gasen. Wenn wir an einer Rose riechen, welkt sie schlagartig dahin.

Es muß etwas geschehen! Zunächst einmal müssen wir den Dingen auf den Grund gehen. Dabei werden wir unschwer feststellen, daß der Verbrennungsmotor ein Irrtum ist. Lassen Sie mich zurückschweifen.

★

Unsere Zeitrechnung des Automobils beginnt bei Daimler und Benz. Manchmal gedenken wir auch des glücklosen Siegfried Marcus. Aber – Wagen ohne Pferde gab es schon vor Newtons Modell-Dampfwagen von 1680.

Nicht nur Carl F. W. Borgwards Leukoplastbomber hat vom Rückenwind profitiert. Das tat der Segelwagen von Simon Stevin schon dreieinhalb Jahrhunderte zuvor. Er beherbergte nicht weniger als achtundzwanzig Personen, und er bewältigte die Strecke von Scheveningen nach Ketten, die keineswegs als Schnellstraße ausgebaut war, in zwei Stunden. Sie war damals um 1600 genau 67,6 Kilometer lang. Daraus errechnet sich eine Durchschnittsgeschwindigkeit von 33,8 km/h. Kein Geringerer als Prinz Moritz von Oranien kann es bezeugen, denn er saß eigenhändig am Steuer. Dreihundert Jahre nach diesem Ereignis warnte die automobilbauende Firma Panhard & Levassor in der Betriebsanleitung für ihren Motorwagen (der bereits stank) vor der »Anwendung der vierten Geschwindigkeit, da diese dem Wagen eine Schnelligkeit bis zu 30 km pro Stunde erteilt«.
Nur ein sehr geschickter Fahrer könne mit diesem Tempo zurechtkommen. Wenn man bedenkt, daß Stevins Segelwagen ein unför-

miges Gebilde aus Eisen und Eiche war, dem statt zwei oder vier gleich achtundzwanzig Personen aufgebürdet wurden, dann ist die erzielte Geschwindigkeit wahrhaftig respekteinflößend. Heute haben wir Leichtmetalle und Luftreifen, und ein Stevinscher Zweisitzer könnte es damit mühelos auf hundertzwanzig bringen – ohne eine einzige Detonation! Schon im 15. Jahrhundert wurden von China-Reisenden Wagen beobachtet, die sich mit Hilfe von Segeln fortbewegten. Diese Wagen sollen damals schon eine hundertjährige Tradition gehabt haben.

Ganz schön gereift müssen sie demnach gewesen sein – mit Spoilern, Seiden-Segeln und so. Möglicherweise ist ein Teilabschnitt der Chinesischen Mauer für Aufprallversuche benutzt worden.

Wir wissen längst nicht alles. Wir tun nur so. Schon im Altertum verwarfen die Erfinder den Gedanken, pferdelose Wagen mittels Verbrennungsmotoren anzutreiben. Sie hatten offenbar klar erkannt, daß es Abgas-Probleme geben würde. Aus diesem Grunde

konstruierten sie Fahrzeuge, die »von in ihrem Inneren verborgenen Menschen« bewegt wurden.
Ein solches Gefährt soll auch im Athenischen Tempeldienst mit gutem Erfolg benutzt worden sein. Das Tempel-Taxi ist neulich auf einer Oldtimer-Versteigerung in Casalpusterlengo aufgetaucht. Es erwies sich aber als Fälschung.
Leonardo da Vinci, dessen Genius es ein leichtes gewesen wäre, den Kreiskolbenmotor zu erfinden, nahm den Gedanken wieder auf, Menschen unter die Haube zu packen. Von ihm sind hervorragende Konstruktionszeichnungen erhalten, in denen er solche Fahrzeuge entworfen hat. Sie deuten allerdings auf eine frühe HS 30-Affäre hin. Sie waren vornehmlich zu Kriegszwecken bestimmt und völlig untauglich.
Der Mann wußte sehr genau, daß in der Rüstungsindustrie die Dukaten locker saßen.
In Deutschland tauchte der erste pferdelose Wagen im Jahre 1649 auf, und zwar in Nürnberg. Dort beging man später den Irrtum, die

erste umweltverschmutzende Eisenbahn in Betrieb zu nehmen.
Das Modell Nürnberg (nicht Nürburg!), von dem Uhrmacher Johann Hautzsch konstruiert, wurde von zwei raumsparend eingebauten Männern über Kurbeln und Schaltwerke bewegt. Seine Höchstgeschwindigkeit soll 2000 Schritte pro Stunde betragen haben. Der Wagen wurde nach mehreren erfolgreich verlaufenen Testfahrten für 500 Reichstaler (einschließlich aller Extras, wie posauneblasende Engel und wasserspeiender Drachenkopf als Kühlerfigur) an den Kronprinzen Carl Gustav von Schweden verkauft.
Einem Gerücht zufolge soll dieser Prinz die beiden Männer zum Tunen gegeben und so die Geschwindigkeit auf 2835,6 Schritte pro Stunde gesteigert haben. Leider lief der Wagen bei feuchtem Wetter oft nur auf einem Mann, weil der andere nießen mußte.
Von Menschen getriebene Fahrzeuge gehörten ein Jahrhundert später in den großen Städten Europas zum Straßenbild. In Paris, London und Frankfurt waren solche Fahr-

zeuge mit verstecktem, menschlichem Antrieb nachweisbar in Betrieb. Sie wurden durch einen Diener über Tretbretter und Federn in zügiger Bewegung gehalten.
Der mechanische Teil der Kraftübertragung war allerdings etwas anfällig. Ein früher Henry Ford erfand in China die wesentlich unkomplizierte Rikscha.
Bei der Vorliebe der Chinesen für scharf gewürzte Speisen kann hier von einem abgasfreien Betrieb allerdings nicht die Rede sein.

★

Der geneigte Leser wird mittlerweile ahnen, worauf ich mit dieser Geschichte hinaus will. Ich möchte aber betonen, daß von wollen keine Rede sein kann. Wir alle werden müssen müssen. Die Abgase lagern sich bereits in jenen Höhen rund um den Erdball ab, wo sie imstande sind, den segensreichen und lebenswichtigen Einfluß der Sonnenenergie auf sämtliche Organismen unseres Planeten abzuschwächen und eines Tages gar zu behindern. Dann ist der Ofen aus.

Es steht ganz außer Frage, daß sich der Weltluftverkehr bald dem Segelflug wird zuwenden müssen, so, wie auf vielen Gewässern vornehmlich des Inlandes nur noch Segelboote geduldet und zugelassen werden.
Mit letzter Tatsache leben wir bereits, und das, wie jeder Segler begeistert bestätigen wird, gar nicht mal schlecht. Unser immer drängender werdender Wunsch nach körperlicher Betätigung, der medizinisch nur allzu begründet ist, kommt jener Revolution im Verkehrswesen zugute, die unmittelbar bevorsteht. Der nächste Verkehrsminister sollte so eine Art Turnvater Jahn sein, dann kämen wir noch rascher zum Ziel.
Das Automobil wird nicht nur durch die Überlegungen in bezug auf die Umweltverschmutzung, sondern auch vom Sicherheitsgedanken her in eine Sackgasse gedrängt. Die Zeit, den Irrtum einzusehen, den Daimler und Benz und den wir alle so freudig begangen haben, ist gekommen.
Ich sprach mit dem Leiter eines großen, weltbekannten, aber in diesem Zusammenhang

nicht genannt sein wollenden Konstruktionsbüros.

★

»Die Lage war ausweglos«, sagte er, an einem Fruchtsaft nippend. »Wir hatten bereits acht Meter Fahrzeuglänge erreicht. Es war unser Sicherheits-Prototyp 06, und für die Insassen verblieben nur 1,8 mal 0,9 Meter, aber die Crash-Tests befriedigten weder die Amerikaner noch uns selbst. Nur eine generelle Geschwindigkeitsbegrenzung auf 50 km/h hätte ein halbwegs befriedigendes Endergebnis garantieren können. Das betreffende Automobil bewegte sich jedoch bereits in der Preisklasse um dreißigtausend Mark. Es erschien uns wenig wahrscheinlich, daß jemand, der über ein normales Einkommen verfügt, diese Summe aufzubringen gewillt sein würde um in einer Stunde 50 km zurücklegen zu können. Es gibt ja heute schon Fahrräder mit Sechsgangschaltung, die...«
»Verzeihung«, sagte der Herr im weißen Kittel, der mit einem dezenten Räuspern den

Raum betreten hatte, »aber 07 ist vorgefahren. Sie können jetzt. . .«
Der Leiter des weltbekannten Konstruktionsbüros sprang auf. Ein gewisses Leuchten trat in seinen Blick.
»Kommen Sie«, sagte er, mich am Arm fassend, »und sehen Sie selbst!«
Wir schwebten mit dem Lift ins Erdgeschoß und betraten den hermetisch abgeschirmten Innenhof. Die große, helle Betonfläche war wie blankgefegt. An ihrem äußeren Rand glaubte ich so etwas wie ein riesiges Osterei zu erblicken. Wir schritten darauf zu und ich wurde gewahr, daß es sich um ein Fahrzeug handelte. Dünne Fahrrad-Speichenräder schauten unten heraus.
»Die Tropfenform«, so klärte mich der Leiter des weltbekannten Konstruktionsbüros auf, »hat mit der Stromlinie nicht das geringste zu tun. Der Luftwiderstandsbeiwert spielt künftig keine Rolle mehr. Diese Form dient lediglich der Sicherheit. Jeder Fußgänger gleitet unverletzt an ihr ab.« Er blickte mich beifallheischend an.

»Unverletzt!« rief er dann noch einmal, als wir das Fahrzeug erreicht hatten. Er drückte seinen Daumen auf die Ei-Karosserie und ich sah, daß sie nachgab wie ein Gummiball.
»Steigen wir ein«, frohlockte er, hob den vorderen Teil der oberen Eihälfte an und bestieg das Fahrzeuginnere. Wir nahmen auf einer wohlgeformten, ganz aus porösem Schaum bestehenden Bank Platz.
Ich mußte auf Befragen einräumen, daß ich hervorragend saß.
Er schloß das Ei.
Vor ihm befand sich ein filigran wirkendes Lenkrad aus einem hochgradig elastischen Material. Er verbog es willkürlich, als wäre es aus Lakritze gemacht.
Vor seinen Füßen befanden sich zwei Pedale. Aber die berührte er nicht, sondern er drückte auf einen Knopf und ließ ihn sogleich wieder los.
Wie von Geisterhand bewegt, fuhr das Ei an. Ich vernahm weder ein Brummen noch ein Schnurren. Elektrische Kräfte schienen nicht im Spiel zu sein. Wir kamen gut in Fahrt. Auf

dem nicht allzu geräumigen Hof kam mir die Geschwindigkeit recht lebhaft vor. Der Mann lenkte einen Kreis. Wir fuhren auch mal eine Acht. Dann trat er auf die Bremse. Das Ei stand. Er drückte einen zweiten Knopf, und das Ei bewegte sich rückwärts.
Er führte mir einige Rangiervorgänge vor. Der eine Knopf war ganz offensichtlich der Vorwärtsgang, der andere der Rückwärtsgang. »Also doch elektrische Energie«, sagte ich. Er schüttelte lächelnd den Kopf. Dann sagte er: »Bitte, schnallen Sie sich an!« Er sagte es so eindringlich, daß ich seinen Befehl tatsächlich befolgte, obwohl ich nicht verhindern konnte, daß ich dabei kopfschüttelnd »Tsih-tsih!« sagte.
Er war aber offenbar daran gewöhnt, für verrückt gehalten zu werden.
Wir hatten auf der einen Hofseite angehalten, in Fahrtrichtung zur gegenüberliegenden Mauer. Er drückte den Vorwärtsknopf und rief:
»Achtung!«
Das Ei setzte sich in Bewegung und fuhr

schnurstracks auf die Mauer zu. Die Geschwindigkeit steigerte sich, die Mauer kam näher und näher.
»Halt!« rief ich. Aber es war zu spät. Das Ei prallte frontal gegen die Hofmauer. Der Erfolg war jedoch verblüffend. Es prallte wie ein Gummiball von der Mauer ab und raste zurück über den Hof, prallte mit dem Heck gegen die andere Mauer und schoß wieder auf die erste Mauer zu.
»Das geht so lange«, sagte der Mann, »bis ich auf die Bremse trete.« Er tat es, und das Ei kam mitten auf dem Hof zum Stehen.
»Alle Probleme sind gelöst«, sagte er. »Die Sicherheit ist hundertprozentig.
Von Luftverschmutzung keine Rede.« Wir fuhren weiter, mal so herum und mal so herum. Plötzlich verlangsamte das Ei seine Fahrt. Weil ich vermutete, daß er gebremst habe, blickte ich zu den Pedalen hinunter. Sein Bremsfuß lag aber in Ruhestellung. Doch nun trat er mit dem linken Fuß auf das andere Pedal, und sofort kam das Ei wieder in Gang.

»Was machen Sie mit diesem Pedal?« fragte ich argwöhnisch. »Es ist also doch ein Gaspedal?!«
Er schüttelte lächelnd den Kopf.
»Damit«, so sagte er, »damit trete ich den Affen in den Hintern...«

★

Es war einer jener NASA-Affen, die man getrost auch zum Mond oder zur Venus schikken kann. Sie lernen alles, und diesen hatte man außerdem sportlich getrimmt. Ein liebes, anstelliges Tier.
Der eine Knopf gab ihm Grünlicht für Vorwärtsfahrt. der andere signalisierte ihm rot den Befehl zur Rückwärtsfahrt. Eine stufenlose Automatik machte ihm das Leben leicht. Er sah ganz zufrieden aus.
Ich gab ihm rasch noch ein Stück Zucker, bevor der Leiter des weltbekannten Konstruktionsbüros die Motorhaube wieder schließen konnte.
»Wir arbeiten jetzt an einem zweiaffigen Modell«, sagte er. »Nicht nur wegen der Lei-

stungssteigerung, sondern vor allem, weil Tierpsychologen herausgefunden haben, daß zwei Affen...«

»Gewissermaßen ein Affen-Twin«, sagte ich.

»... daß zwei Affen gemeinsam fröhlicher und ausdauernder arbeiten.«

Das Ei hatte einen sogenannten Heckaffen-Antrieb. Der zum Passagierraum hin völlig abgeschottete Affe war gut belüftet und vor Spritzwasser geschützt. Oben waren zwei Einfüllstutzen, einer für Trinkwasser und einer für Futter.

»Ich bin beeindruckt«, sagte ich, »aber irgendwie tut mir der Affe leid.«

Der Leiter des weltbekannten, aber in diesem Zusammenhang vorerst nicht genannt sein wollenden Konstruktionsbüros zuckte mit der linken Achsel. »Eines Tages wurde uns klar«, sagte er, »daß die überspitzten Anforderungen hinsichtlich der totalen Sicherheit ebenso wie der totalen Abgasentgiftung nur noch unter Einschaltung von Affen, ja, ich möchte sagen, überhaupt nur noch von Affen gelöst werden konnten, und da...«

Ja, und da mußte ich ihm doch tatsächlich recht geben. Außerdem hat der autofahrende Mensch es schon lange geahnt. Seit eh und je spricht er vom »Affenzahn« und »Affentempo« und gebraucht Redensarten wie »da gab ich meinem Affen Zucker«, und bei thermischen Schwierigkeiten spricht er von einer »Affenhitze«.
Ganz abgesehen davon, daß er im Auto seines Verkehrsgegners grundsätzlich einen Affen vermutet. Unterschwellig hat er es vorausgeahnt. Und es ist wahrhaftig eine Affenschande, daß wir erst jetzt darauf kommen. Hoffentlich ist es noch nicht zu spät, so lange nach Daimler..

Der seltene Kauz

Dem »seltenen Kauz« bin ich wirklich begegnet. Es verhielt sich nicht genau so, wie ich es hier beschreibe, aber, um mit Radio Eriwan zu sprechen, »im Prinzip gibt es diesen Mann, nur sammelt er andere Dinge, von denen er behauptet, daß sie echt seien.«
Daß dieser Mann ein glückliches und zufriedenes Leben führte, ganz erfüllt von seinem Hobby, und gar nicht infarktgefährdet, will ich noch erwähnen. Er könnte diesem und jenem meiner Leser gut als Beispiel dienen.

Von Automobilen, die nur in einem oder ganz wenigen Exemplaren existieren, sagt man, daß sie seltene Vögel seien.
Menschen, die nur in einem einzigen Exemplar existieren, nennt man dagegen seltene Käuze. Der Vogel-Begriff wird da präzisiert. Es ist übrigens von vornherein unrichtig, was

Sie jetzt einzuwerfen beabsichtigen – der Mensch schlechthin ist keineswegs einmalig. Gewiß, als Dagobert Mählich, einsachtundsiebzig groß, fünfundachtzigeinhalb Kilo schwer, Leberfleck unter der linken Brustwarze, Blinddarmnarbe in Gehrichtung rechts, wohnhaft in Gurkheim, Eisenbahnergasse 5, drei Treppen links bei Frau Sumse, ist er mitsamt seinen daktyloskopischen Merkmalen einmalig. Aber als Stammtischbruder, Schafkopfspieler, Fahrer eines 12 M der allerersten Serie, Büroangestellter und unbeirrbar christlich orientierter Wähler, kurz, als Bürger und Mitmensch, ist er so auswechsel- und verwechselbar wie ein Original-Ersatzteil aus dem Regal. Und deshalb ist er kein seltener Kauz. Er ist Massenware und stolz darauf. Des Durchschnittsmenschen höchstes Ziel ist es, ein solcher zu sein. Den seltenen Kauz befriedigt das nicht. Er denkt sich nicht etwa mit Gewalt etwas aus, das ihn anders macht, er ist anders. Ich meine nicht den Menschen, der die schwere Limousine mit all ihren Extras fährt, eine umgebaute

Mühle im Bayerischen und ein Winterhaus auf den Balearen besitzt. Der ist schon wieder so etwas von Durchschnitt, daß es einen angähnt. Jedem, der es sich nur leisten könnte, würde er gleichen. Und die ganz Reichen sind so wenig originell, daß sie, wenn sie sich mit ihrer Fünfmillionenmark-Düse gegenseitig heimsuchen, eigentlich eine Uniform tragen müßten. Statt dessen tragen ihre Frauen oder Freundinnen die gleichen Felle und die gleichen Steine. Und sie selbst fahren die gleiche Karosse und im gleichen Augenblick zusammen, wenn sich an der Börse das gleiche Papier bewegt.
Sie alle meine ich nicht. Ich spreche von Swonimir Puster, den ich das Glück hatte, vorige Woche kennenzulernen. Er macht rein äußerlich kaum einen verdächtigen Eindruck, wenn man davon absieht, daß es ihm nichts ausmacht, einen braunen und einen schwarzen Schuh zugleich zu tragen, weil im anderen braunen kein Schnürband mehr war, oder weil der andere schwarze in Reparatur ist. Auch muß man es ihm nachsehen, daß er

seine nicht allzu modische Oberbekleidung als Ascher benutzt, indem er die Verbrennungsrückstände seiner Zigarre, weniger gezielt als vom Zufall diktiert, auf ihr verteilt. Er hat ein gewinnendes Wesen, das sich in seinem Auge widerspiegelt, und zwar in seinem linken. Das rechte blickt einen nie an, sondern immer woanders hin, denn Swonimir Puster schielt seit seiner Geburt auf eine besonders konsequente Art. Man hat das Gefühl, als hielte er das rechte Auge in Reserve für den fall, daß das linke einmal ausfällt. Und diese weise Disposition nötigt einem Respekt ab.
Er führte mich in sein Haus, das er bescheiden seine Hütte nannte, öffnete die erste Innentür und hielt sich und mich inne, als wir eines luftbereiften Rades ansichtig wurden. Es bestand aus einem über gewaltige Holzspeichen gezogenen armdünnen Pneu, der hier und dort bis aufs Hemd entblößt war. Es lehnte an einem Ohrensessel aus Englisch-Leinen, lehnte da wie ein altes Wagenrad am Tor der Schmiede.

»Dieses«, so sprach Swonimir Puster, »ist ein Rad vom siebzigpferdigen Mors des Henry Fournier. Sie wissen doch: Fernfahrt Paris–Berlin Ende Juni 1901.«
»Ich weiß, ich weiß!« sagte ich, befühlte den schlaffen Pneu und fügte hinzu: »Donnerwetter!«
Sein Auge ruhte befriedigt auf mir.
»Ich habe es in Greensburg/Indiana gefunden. Dort unterhält ein Beerdigungsunternehmer ein privates Automobil-Museum. Und er wußte es nicht einzuordnen, der Ahnungslose.«
Ich wollte einflechten, daß ich den Beerdigungsunternehmer kenne, dessen Duesenberg so aussieht, als wäre er eben erst geliefert worden, aber da waren wir schon auf einen senkrecht im Raum stehenden Balken gestoßen, an dem eine mehrfach gewundene Ballhupe befestigt war, die er behutsam ertönen ließ.
»Frühes zwanzigstes Jahrhundert«, sagte er, »erstes Jahrzehnt. Sie war an dem Chassis montiert, in dem August Horch seinen ersten

stoßfreien Motor ausprobierte. Das war in Ehrenfeld bei Köln...«

»... im Jahre 1901«, unterbrach ich ihn, »und Horchs Meister Krapf bediente die Hupe.«

Er schien zu erschrecken. Sein Auge fixierte mich.

»Sie wissen?« fragte er. »Ich weiß«, sagte ich.

Er hüstelte irritiert. Dann tätschelte er den Messingdarm der Hupe.

»Ein feines, altes Stück«, murmelte er.

Dann nahm er einige Blumentöpfe vom Fensterbrett, und ich bemerkte, daß das Fensterbrett ein Trittbrett war, ein altes, stahlblechernes, schwarzes, in das etwas eingepreßt war: Ford. Der geschwungene Namenszug Ford, und lauter kleine Noppen, auf denen man nicht ausrutschen und sich außerdem die Füße abtreten konnte.

»Das Trittbrett eines T-Modells von 1912«, sagte Swonimir Puster. Ich nickte und half ihm über die Hürde:

»Aber doch nicht irgendeines?« fragte ich.

»Natürlich nicht!« rief er froh. »Auf diesem Trittbrett hat Buster Keaton gestanden. In

dem Cinematophon-Streifen ›Westwärts‹ oder so.«
»Der gute alte Buster«, sagte ich, »ohne T-Modell war er beinahe hilflos, genau wie Chaplin und Lloyd. Und die anderen Mitwirkenden saßen entweder auf einer Sahnetorte oder auf einer Harley mit Seitenwagen. Es war eine schöne Zeit, Graf Pornos Töchter filmten noch nicht.«
»Wie recht Sie haben«, sagte er. Dann rief er: »Vorsicht!« Aber ich war schon draufgetreten.
»Das ist ein Bodenbrett aus Jenatzkys Mercedes, mit dem er das Gordon-Bennett-Rennen in Old Kikulen gewann, 1903.«
»In Irland«, sagte ich. Sein Auge fragte beinahe unwirsch: »Wieso wissen Sie das?« Und ich entschärfte schnell: »Ich bitte Sie – wo kann Old Kikulen schon liegen, wie das klingt. . .« Und da lächelte das Auge wieder.
»Wie recht Sie haben!« rief er ein zweites Mal. Das Brett war so ölgetränkt schwarz wie alle Bodenbretter jener und alle Bodenbretter auch der zwanziger Jahre. Und doch lag es

quer auf einem fein und dicht geknüpften Ardibeil von leuchtendem Rot. Aber das Öl hatte Zeit gehabt, einzutrocknen, viele Jahrzehnte. Es war so harmlos geworden wie ins Holz gekrochene Farbe an einem spätbarokken Bauernschrank.

Aus einem vergoldeten Rahmen, auf Mahagoni geklebt, blickte mich ein Fetzen alten, schwarzen Leders an. Da deutete er auch schon auf die Relique und sprach:

»Ein Stück Sitzleder von einem offenen, einzylindrigen Adler. Wissen Sie, wer draufsaß?«

Ich wußte es zum Glück wirklich nicht und brauchte mich nicht zu verstellen.

»Otto Julius Bierbaum«, sagte er.

»Ach, der!« mußte ich denken, ob ich wollte oder nicht.

Der Bierbaum, ja. Er war 1902 auf einem einzylindrigen Adler von Berlin nach Sorrent geritten und zurück bis an den Rhein. Und er hatte darüber einen Aufsatz im Blatt für Volksgesundheitspflege und ein ganzes Buch mit dem Titel geschrieben »Eine empfind-

same Reise im Automobil«. Natürlich wußte ich das. aber ich würde mich hüten, es ihm zu sagen. Und da sagte er es mir. Ich staunte.
»Damals schon?« Er nickte.
»Und das ist ein Stück vom Leder eines Sitzes«, sagte er. Ich berührte es und heuchelte Ehrfurcht.
»Wie die Dinge doch die Zeiten überdauern«, sagte ich. Und wußte, was er sagen würde.
»Wie recht Sie doch haben«,sagte er. Er war über die Maßen mit mir zufrieden.
Auf einer Oberinntaler Bauerntruhe lag ein gelb gewordener, abgewetzter, schwartenglatter Motorradsattel, einer aus den Zwanzigern.
»Er stammt von einer DKW. ›Blutblase‹ nannte der Volksmund das Modell, weil es Gebläsekühlung und einen blutroten Tank hatte.«
»Und wer saß drauf?« fragte ich zielstrebig.
»Keine Geringere als die Prinzessin Georg von Sachsen-Meiningen«, sagte er.
»Die, die im DKW-Fotowettbewerb den dritten Preis gewann?«

Ich hätte mich im Hüten meiner Zunge besser üben müssen.
Er fuhr mit einem plötzlichen Ruck herum. »Was Sie alles wissen«, rief er, »das ist ja unheimlich!«
Wenn er wüßte, daß ich längst Bescheid wußte! Ich war dahintergekommen, wie er es machte. Er hatte solche alten Sachen gekauft und sich dazu Geschichten ausgedacht, die er in meinen Büchern gelesen hatte. Es war ganz einfach, aber es war, zugegeben, irrsinnig originell. Er konnte seine Besucher durch sein Haus führen, ihnen die alten Sachen zeigen und ihnen alle diese Geschichten dazu erzählen. Wer würde ihm nicht fasziniert lauschen und um sein Sammlerglück beneiden?! Als wir uns bekannt machten, muß er meinen Namen nicht verstanden haben. Sonst wäre er doch wohl gewarnt gewesen. So aber zeigte er mir noch die Original-Peitsche vom »Eisernen Gustav«, der mit seiner Pferdedroschke von Berlin nach Paris gegondelt war und der auf die Frage der französischen Zöllner »Sprechen Sie Französisch?« mit einem

schlichten »Yes!« geantwortet hatte. Und er zeigte mir noch die Kühlerverschraubung von jenem Achtzylinder Packard, den der Ozeanflieger Charles Lindbergh von der Regierung der Vereinigten Staaten geschenkt bekam, nachdem er den Ozean in seiner einmotorigen Spirit of St. Louis überquert hatte. Und ein Stück von dem Strumpfband, mit dem Papa Benz' junge Frau die Zündung des Benz Velo isoliert hatte, mit dem sie im Sommer des Jahres 1888 von Mannheim nach Pforzheim gefahren war, begleitet von ihren Söhnen Eugen und Richard, um aller Welt zu beweisen, daß ihr Mann kein Spinner war, sondern daß er das Automobil erfunden hatte. Und vieles mehr. Ja, er zeigte mir wohl noch drei Dutzend der allerfeinsten Raritäten, und er sagte zu jeder sein Sprüchlein auf. Mal begeistert, mal verträumt, mal ehrfürchtig, mal philosophisch gestimmt. Aber, als er mir dann das Lenkrad »von dem 4/16er Opel« zeigte, »mit dem der Automobil-Schriftsteller B. Busch – Sie haben vielleicht schon mal von ihm gehört? – auf dem Knie seines Vaters sitzend und nicht älter als sechs Jahre, von Möbisburg nach Bischleben chauffiert war«, da verließ der Schalk meinen Nacken und machte sich selbständig. Ich stellte mich Swonimir Puster ein zweites Mal, und zwar deutlich, vor. Es war rührend.

Es gelang ihm für den Bruchteil einer Sekunde, sein rechtes Auge aus der Reserve zu locken und mich mit beiden anzuflehen. Er gestand mir, daß er selbst an all das glaubte, was er da angehäuft hatte, daß es sein Lebensinhalt geworden und daß all diese Gegenstände seine hundert Geliebten in seinem frauenlosen Haushalt waren. Da verzieh ich ihm mehrfach und jedesmal bei einem Cognac, den wir aus der Flasche tranken, die den Dr. Jackson wachgehalten hatte, der im Jahre 1903 auf einem Automobil unbekannten Fabrikates von San Francisco quer durch die Staaten nach New York galoppiert war, reichlich versehen mit Proviant, Gewehren und Munition gegen die Indianer und tonnenschweren Treibstoff-Vorräten.

Und Swonimir Puster machte mir noch eine

ganz besondere Freude. Er besaß tatsächlich eine Schallplatte mit dem Lied, das Kate Kühl 1927 im Keller unter dem Theater des Westens, in der »Wilden Bühne« gesungen hatte:
»Und wenn sich alles nach mir sehnt, ich steh immer nur angelehnt, angelehnt an der Wand...«
Gestern war ich drauf und dran, einen Fehler zu machen. Ich hatte bei einem Bauern ein altes Wagenrad erstanden und wollte es Swonimir Puster schicken, versehen mit einem fein polierten Messingschildchen, auf dem die Worte eingraviert sind: Das Rad der Geschichte.
Aber, ich brachte es nicht übers Herz, ihn derart zu verletzen. Dagegen habe ich noch eine alte Lederkappe, die ich W. K. Vanderbilt zuschreiben und Pustern schicken werde. Man muß die seltenen Käuze füttern, sonst sterben sie noch ganz aus. Und wie arm wären wir dann..

Beulen auf italienisch

In der zweiten Hälfte der 70er Jahre sprach es sich herum, daß man in Italien leicht um seinen Wagen kommen könne, besonders dann, wenn es sich um ein Fahrzeug der Marken Mercedes, Porsche und BMW handelte.
Aber man wollte deshalb seine Sehnsucht nach dem sonnigen Süden nicht verleugnen oder unterdrücken. Man fuhr trotzdem hin. Natürlich machten sich viele Gedanken darüber, wie sie den Dieben ein Schnippchen schlagen könnten. So auch ich.
Aber mein Herr Senfgiebel hat seiner Zerstreutheit wegen eine unvorhersehbare Verwirrung angerichtet – und damit Spannung in die Geschichte gebracht.

Wie Herr Senfgiebel den Diebstahl seines Autos verhindern wollte.

Die Spatzen pickten nach Krumen. Lästige Insekten störten. Aber auf dem See standen weiße Segel. und es war ein sonniger Nachmittag.

»Dem Beckenbauer haben sie seinen Mercedes geklaut«, sagte der Herr an Tisch 22, Bedienung Fräulein Mihailowitsch, und klappte die Sonntagszeitung zu, um mit besseren Erfolgsaussichten auf eine Wespe einschlagen zu können. »Es war ein 450 SEL 6.9 Liter. Das Beste, was Daimler zu bieten hat«, nickte der Tischgenosse wissend, während seine Begleiterin mit großer Wollust ein Stück Sahnetorte schlachtete.

»Und dem Jochen Mass haben sie den Porsche geklaut.«

»Der Jackie Ickx ist ihn auch losgeworden da unten.«

»Diese Fußballer«, rief die Begleiterin des Tischgenossen zwischen zwei Sahnehappen, »was die für Autos fahren.«

Ein Trümmerhaufen aus dem Auto

»Diese Italiener«, rief der Herr, dem die Wespe nun doch entkommen war. »Ich nix Italiener, ich Jugoslawin«, empörte sich das Fräulein Mihailowitsch, das gerade die Würstchen brachte. Hart schlug der schwere Porzellanteller auf die Tischplatte aus Stahlblech, gepreßt, kunststoffbeschichtet. Die Begleiterin blickte erschrocken von dem letzten Happen Sahnetorte hoch. Dann sagte sie zu dem Wespenjäger: »Wir trauen uns gar nicht runter, nach Mozarella Maritima. Da haben wir gebucht. Im Palazzo al Mare.«
»Wir fahren nämlich einen brandneuen 280 E«, sagte der Würstchen-Empfänger zum Wespenjäger, »da kriegt man ja vor lauter Angst kein Auge zu.« Und er rückte sich den Würstchenteller zurecht.
Aber da wurde der Wespenjäger unruhig. Er rückte mit seinem Klappstuhl, im Gartenkies scharrend, näher an den Tisch heran, beugte sich zu den beiden hinüber und flüsterte heiser: »Da weiß ich was.« Er kicherte: »Ein

tolles Ding. Ich sag's Ihnen. Kommen Sie doch näher – diese Kellnerin, man weiß nicht recht. Also, kommen Sie näher.« Sie krochen über die Tischplatte aufeinander zu und schielten lauernd hinüber zu Fräulein Mihailowitsch, die vor Empörung einen bebenden Busen bekam, weil man über sie herfiel. Dann begann der Wespenjäger so laut zu flüstern, daß sogar am Nebentisch das Gespräch verstummte. »Bei Müller in der Maierstraße«, krähte er, »in der Werkstatt neben der SB-Tankstelle, da malt einer. Da müssen Sie hin. Der ist ein stellungsloser Bühnenbildner oder so. Der macht Ihr Auto italienfertig.«
»Italienfertig, wie denn?«
»Ein Bühnenbildner, wie interessant.«

Die haben überall ihre Spitzel

»Ja, so hören Sie doch zu. Der macht aus dem neuen Wagen einen Trümmerhaufen mit Rostflecken, Schrammen und Beulen, daß

man meint, das Auto habe sich zehnmal überschlagen und wäre nun am Verkommen. In die Frontscheibe malt der Bruch-Spinnen, und auf die Stoßstangen und die Radkappen sprüht er Rost, daß es Gott erbarmt.«
Dabei schlug der Wespenjäger auf den Tisch. Und die Leute am Nebentisch fuhren zusammen – sie hatten gelauscht. Nun war es ihnen peinlich. Sie riefen laut nach Fräulein Mihailowitsch und orderten eine Cola.
Auf dem erkalteten Würstchen, das der 280 E-Besitzer wie eine Kommunionkerze in der Hand hielt, saß eine grünschillernde Schmeißfliege und wunderte sich, daß man nicht nach ihr schlug. Auch die Dame war irritiert. »Geht denn das überhaupt?« fragte sie.
»Und ob«, rief der Wespenjäger flüsternd. »Die Farbe ist nämlich abwaschbar. Mit irgendeiner Lösung spült er sie hinterher wieder weg. Das Auto steht da wie zuvor. Und außerdem gibt das ulkige Urlaubs-Fotos. Sie mit Ihrem Trümmerhaufen, der gar keiner ist, vor dem Palazzo Vecchio oder so…« Alle

lachten viel zu laut. Die Schmeißfliege flog erschrocken davon. Auf dem See kenterte eine Jolle.
»Also – Meier in der Müllerstraße, neben der SB-Tankstelle...«, sagte der 280 E-Besitzer zu sich selbst. Die Müllerstraße – ganz sicher war er sich nicht. Er fragte nach dem Weg. Na also – die zweite rechts. Diskret, hatte der Wespenjäger gesagt.
Diskret solle man sein Anliegen vorbringen. Denn, wenn es sich herumspricht, ist es aus. Die haben doch überall ihre Spitzel.
»Hallo«, sagte der 280 E-Besitzer, »sind Sie der Herr Meier?« Es war der Herr Meier.
»Ich will nämlich nach Italien fahren.«
»Wie schön, haben Sie Urlaub?«
»Ja, drei Wochen. Wir haben im Palazzo al Mare gebucht. In Mozarella Maritima. Nur – also, äh, Sie wissen ja, wie da unten geklaut wird.«
Herr Meier nickte. »Mercedes klauen sie heuer und Porsche.«
»Eben, eben, deshalb bin ich hier. Mit mir nicht. Nicht mir Senfgiebeln. Also, Meister,

machen wir's doch kurz. Ich hätte gern ein paar saftige Beulen. Und an der rechten Seite eine Riesen-Schramme. Von hier etwa bis da, also über die ganze Flanke hin, ja? Und den linken Kotflügel vorne total zerknautscht. Die Brüder sollen sich vor dem Auto förmlich ekeln. Meinen Mercedes klauen die nicht. Geht das in Ordnung, Meister?«
Meister Meier kratzte sich hinter dem Ohr. »Also, ein wenig merkwürdig ist das schon, Herr – äh, Herr...?«
»Senfgiebel.«

Die Kühlermaske wird eingebeult

»Ja, Herr Senfgiebel. Wir machen alles, gewiß. Wenn Sie mir den Auftrag schriftlich geben? Und wenn ich's hinterher wieder richten darf, nach der Reise?«
»Das ist doch selbstverständlich, mein Lieber. Wie lange wird es denn dauern?«
»Nun ja, morgen mittag können Sie ihn wieder abholen. Er bleibt doch gleich hier,

oder?«
»Und ob«, rief Senfgiebel und rieb sich die Hände. Dann schrieb der Meister den Werkstattauftrag aus.
Und während er schrieb »Kotflügel vorne links total zerknittert«, dachte sich Senfgiebel immer neue Spielarten aus. Er diktierte solche Sachen, wie: »Kofferraumdeckel verzogen, klafft breite Lücke« und »Kühlermaske eingebeult« – damit die Brüder gleich von vorne sehen, daß es diesmal keinen Zweck hat. Dann unterschrieb er den Auftrag. Und ahnte nicht, daß dies das Todesurteil für seinen Wagen sein sollte. Zunächst frohlockte er, als er am Tag darauf wiederkam, um sein »unansehnliches« Auto abzuholen. Welch eine Meisterleistung! Das Auto war so täuschend echt zertrümmert, daß man mit ihm Wetten hätte gewinnen können.
Aber dann stand er zehn Schritte vor seinem Wagen – und erstarrte. Das Blut wich ihm aus dem Hirn, er wurde leichenblaß, wankte auch ein wenig und schrie dann aus Leibeskräften: »Nein! Nein! Nein!«

Ein vielschrötiger Kerl in einem ölverschmierten Overall trat aus der Werkstatt.

Ein Porsche-Motor ins Goggomobil

»Wo ist der Sepp, der Maler?«, rief Senfgiebel, während er die schrecklichen Beulen und Schrammen abtastete, mit denen sein Auto übersät war. Sie waren tief und rissig.
»Der Sepp bin i, aber kein Maler bin ich nicht«, wehrte sich der Vierschrötige, und er rieb sich die Hände an einem Putzlappen.
Auch Meister Meier betrat nun die Szene.
»Is was?« fragte er irritiert.
Mit letzter Kraft schrie Senfgiebel: »Ich werde Sie verklagen«, und sank in sich zusammen.
Meister Meisers Weste aber war blütenweiß. Denn der stellungslose Bühnenbildner arbeitete nicht bei ihm, sondern bei Müller in der Meierstraße. Und Meister Meier erfüllte seit nunmehr 25 Jahren auch die absonderlichsten Kundenwünsche.

Dem einen hat er in einen Adenauer-Mercedes einen Kadett-Motor setzen müssen. Dem anderen einen Porsche-Motor in ein Goggomobil. »Autofahrer, naja«, pflegt er zu sagen, setzt dann schweigend den spitzen Zeigefinger auf die rechte Schläfe und macht mir ihm eine schraubende Bewegung.
Aber die Geschichte geht dennoch gut aus. Gleich am Morgen nach der Ankunft in Mozarella Maritima ist der 280 E verschwunden.
»Sie sind heute schon der fünfte«, sagte der Chef-Carabiniere, als Senfgiebel froh bewegt Anzeige erstattet. »Ihr Auto taucht nie wieder auf, machen Sie sich keine Illusionen.« Dann blickt er Senfgiebel ins Gesicht und stutzt. »Einen so fröhlichen Deutschen habe ich hier noch nie gesehen«, sagt er.
Wie soll Senfgiebel auch zerknirscht dreinschauen, wo er sich doch innerlich die Hände reibt. »Mein Wagen war stark ramponiert, müssen Sie wissen, lauter Beulen und Schrammen. Ein Unfall.« Er sagt das wegen der Beschreibung im Protokoll.

Aber der Uniformierte winkt ab. »Beulen von Müller aus der Meierstraße, heh?« Er grinst. »Das schreckt unsere Leute nicht...« Donnerwetter. Senfgiebel nimmt innerlich Haltung an. Auf die Italiener ist Verlaß. »Aber, mit echten Beulen«, gibt er zu bedenken, »kommt es dann vielleicht zurück?« Seine Stimme vibriert. »Nie, niemals, so sehr wir uns auch nicht bemühen«, versichert ihm der Carabiniere. Am Abend schreibt Senfgiebel in seinem Überschwang sogar dem Sepp eine Ansichtskarte. Aber der bekommt sie nie. Denn Senfgiebel hat sie an Müller in der Meierstraße adressiert.

Der alte Wagenbauer

Es ging um einen Oldtimer. Ich wollte ihn restaurieren lasen.
»Der richtige Mann«, sagte einer, den man mir als den richtigen Mann bezeichnet hatte, »dürfte in diesem Fall der alte Hering sein, sofern er noch lebt. Er wohnt in Niedersenfdorf hinter dem Spritzenhaus rechts. Fragen Sie nur nach dem alten Hering.«
Ich fuhr nach Niedersenfdorf, aber hinter dem Spritzenhaus rechts gähnte nichts als ein großes Loch. Das Haus war wohl abgerissen worden. Ich betrat den Dorfladen und erkundigte mich nach einem »alten Hering«.
Der Ladeninhaber zuckte zusammen.
»Wir führen nur Tiefkühlfisch«, sagte er pikiert.
Ich erwarb, um ihn zu versöhnen, aus seiner Tiefkühltruhe ein Eis am Stiel und fragte dann nochmals nach einem Mann, den man gemeinhin den alten Hering zu nennen

pflegte – oder pflog, sofern er inzwischen...
»Ach, Sie meinen den alten Hering?!« rief der Inhaber des Ladens freudig bewegt.
»Ich sprach von nichts anderem«, gab ich gekränkt zurück, wobei mir etwas Eis vom Stiel auf meinen linken Wildlederschuh troff, wo es sich gleich rechts von dem großen Ölfleck einzugraben begann.
»Er wohnt in der alten Stellmacherei hinter dem Leichenhaus links.«
»Nicht mehr hinter dem Spritzenhaus rechts?«
»Da kommt das neue Rathaus hin«, sagte der Ladeninhaber stolz. Zweifellos war er Mitglied des Gemeinderates. »Und das Spritzenhaus wird auch abgerissen, morgen.«
»Wie gut«, sagte ich, »daß ich nicht übermorgen gekommen bin. Ich hätte nur noch zwei Löcher vorgefunden und wahrscheinlich die Orientierung verloren.«
»Ja«, nickte der Ladeninhaber, »so ist das heute, fünfundsechzig.«
»Sie meinen zweiundsiebzig«, korrigierte ich ihn.

»Nein, fünfundsechzig. Es ist Himbeer ohne Schokolade.«
»Ach ja, das Eis«, stammelte ich, bezahlte es und ging.
Ladeninhaber haben immer nur das Geld im Sinn, man kann keine gescheite Unterhaltung mehr mit ihnen führen. Sogar die Friseure beginnen, wortkarg zu werden. Neulich sagte einer zu mir:
»Mit oder ohne Unterhaltung?« Ich fragte zurück, was denn der Unterschied sei, und er sagte:
»Eine Mark zwanzig.«
Ich bat ihn dann, für rund fünfzig Pfennige mit mir zu plaudern. Er gab die letzten Fußballergebnisse durch und schaltete sich dann ab. Nie war die Welt profitgieriger als heute.
Ich bangte dem alten Hering entgegen. Was würde er verlangen? Immerhin war die gesamte Karosserie zu erneuern.
Er hauste hinter den blinden Scheiben der alten Stellmacherei. Sie war gut hundert Quadratmeter groß. An der Decke hing noch die Transmissionswelle mit mehreren Treibrä-

dern. Es standen verstaubte Holzbearbeitungsmaschinen herum. Einige Wagenräder lehnten wie Skelette, von Spinnweben überzogen, an den Wänden. Ein Haufen Hobelspäne war grau, mürbe und verdorrt.
»Das ist ein Werkchen!« rief er mit entgegen. »Hier könnte man Wagen bauen! Diesen Monat ein Landaulet, im nächsten ein Sportphaeton, einen Lieferwagen, dann ein Chapeau claque. Es würde sogar für ein Mailcouch reichen. Ein Sattler müßte her, ein Kastenmacher, ein Schmied. Und ich. Sehen Sie nur, sogar eine Vertikalfräsmaschine ist da, eine Radfelgendreiseiten-Hobelmaschine und eine Büchsen- und Nabenbohrmaschine. Hinter dem Haus ist eine Dampfkesselanlage, etwa drei Atmosphären...«
»Da, eine Dicktenhobelmaschine«, unterbrach ich ihn. »Ich schätze, sechshundert Millimeter.«
»Siebenhundert!« rief er stolz. »Die Abrichtehobelmaschine hat sechshundert, sehen Sie, hier!« Er entfernte eine morsche Persenning, und seine Augen leuchteten.

Das war eigentlich alles, was man damals brauchte, um ein Karosseriebauer zu sein, ein selbständiger. Ob Sie es mir nun glauben wollen oder nicht.
»Großartig«, sagte ich. Und ich klopfte dem alten Hering leutselig auf die Schulter. »Wenn Sie wollen, geht es morgen los.«
Und dann zeigte ich ihm die Bilder und Zeichnungen des Fahrgestells und der kümmerlichen Reste der Karosserie.
Im Zeitalter der selbsttragenden Blechbüchsen haben wir ganz vergessen, wie die Automobile früher gemacht wurden. Bis in die endzwanziger Jahre hinein.
Nach dem ersten Weltkrieg lebte die Wagenbauerei wieder groß auf. Es wurden Kastenmacher gesucht, Kastenhelfer, Blechtreiber, Feilbänker, Wagengarnierer, Stellmacher, Lackierer, Sattler, Wagenbautechniker. Die älteren unter ihnen waren noch echte Kutschwagenbauer. Und sogar Kutschwagen wurden noch immer in großer Zahl gebaut. Denn das Pferdegeschirr war noch keineswegs ausgestorben. Viele Betriebe stellten

gleichzeitig Pferdewagen und Automobilkarossen her.
Hier einige Inseratentexte aus den ersten zwanziger Jahren:
»Wagenkästen im Rohbau, Jagdwagen, Selbstfahrer, Dos à Dos hat ständig abzugeben Karosserie- und Wagenbau GmbH. Wernigerode/Harz.«
»Die Karosseriefabrik Karl Baur, Stuttgart-Berg, bringt als Neuheit eine innenliegende Verdeckstrebung. Interessenten erhalten bereitwilligst nähere Auskunft...«
»Kein eleganter Wagen ohne unsichtbare Scharniere der Frankfurter Carosseriewerke.«
»Roßhaar, gesponnen, von der Dampf-Roßhaarspinnerei Kitzingen a. M.«
»Kunstleder, bester Ledererersatz für Autokarosserien von Adolf Rössler, Stuttgart.«
»Continental Kutschwagenreifen, gummierte Wagenverdeckstoffe, Gummibremsklötze, so gut wie Continental-Pneumatik.«
»Rohbaukarosserien älteren Modells hat preiswert abzugeben: Daimler-Motoren-

Gesellschaft Sindelfingen.«
Manche versuchten, Rohbaukarosserien an den Mann zu bringen, die vor 1914 produziert und vor Kriegsausbruch nicht mehr abgesetzt werden konnten. Die Inserate zeigten diese Monstren im Bild. So wurden 1920 Karossen angeboten, die seit Jahren formal tot waren. Sie waren sauber gemacht, aus den besten Hölzern, mit dem feinsten Leder, die Radspeichen aus Hickoryholz. Aber, sie waren zum Verstauben verurteilt. Denn trotz der alten Bauweise sahen die Nachkriegskarossen doch anders aus. Es gab tiefliegende, langgestreckte Torpedos mit Spitzkühler und Bootsheck und innenliegendem Klappverdeck.
Sie waren aus Eschen- und Eichenholzrahmen und -gerippen, mit Schwarzblech beplankt oder mit Kunstleder bezogen. An dem abgebildeten Sportphaeton von 1920 mußte der Lackierer 110 Stunden schaffen und verbrauchte insgesamt 20 kg Ölfarbe, Spachtelmasse und Lackfarbe. Alles in allem wurde rund 450 Stunden gewerkelt. Man kalkulierte 20 Prozent Verdienst ein und einen

Händlerrabatt von 20 Prozent, dazu 15 Prozent Luxussteuer. Und so kostete die Karosserie für das schnittige Sportphaeton am Ende 9000 Mark. Es war eine jener Karosserien, deren Holz heute noch gesund und deren Stabilität bis auf einige wenige Kummerstellen auch heute noch, nach fünfzig Jahren, intakt wäre, hätte man das Stück irgendwie und irgendwo über die Zeiten gerettet. In den zwanziger Jahren mußte man sich mit deutschen Wagenbauhölzern bescheiden und vor allem auf das amerikanische Hickoryholz verzichten, das zäh, fest und leicht ist und einen filigranen Gerippebau ermöglichte. Für die Anfertigung der Holzspeichenräder schien es den alten Wagenbauern unersetzlich. Man ersetzte es dennoch durch Eiche und Esche.

Nach etwa viereinhalbstündigem, faszinierendem Gespräch war der alte Hering beim Finish unserer geplanten Karosse angelangt. »Was dann das Aussehen betrifft, der Schleifgrund ist alles«, sagte er. »Ich werde ihn selbst mischen aus 16 Teilen Bleiweiß, 15

Teilen Umbra, 20 Teilen Kreide, 20 Teilen Schwerspat, 12 Teilen Sikkativ, 5 Teilen Terpentinöl und 20 Teilen Leinölfirnis. Das gibt ein Filling up, daß Ihnen das Wasser im Munde zusammenläuft!« Er rieb sich fröhlich die Hände.

»Pfuscher«, rief er dann aber, finster blikkend, »Pfuscher machen es aus geschlämmtem Graphit, Ocker, Kreide, Silberglätte und Zinkvitriol. In vierundzwanzig Stunden machen sie dann drei bis vier Anstriche, diese Betrüger. Und nach zehn oder zwölf Jahren haben Sie dann die schönsten Risse im Lack.« Er brummte zornig und erschlug eine unschuldige Fliege, die seine ungebrochene Reaktionsfähigkeit wahrscheinlich unterschätzt hatte.

»Wir nehmen auch keinen Kapok-Ersatz. Und wir verarbeiten echtes Roßhaar. Für die Sitze lasse ich mir ein paar feine, genarbte Häute kommen.« Er verdrehte die Augen und mir lief nun wirklich das Wasser im Munde zusammen.

»Ein feines Auto wird das!« rief ich begeistert. Und weil wir zu alledem auch ein paar Flaschen Bier geleert hatten, beschlossen wir, künftig pro Jahr ein halbes Dutzend solcher Autos zu bauen. Alte Fahrgestelle würde ich auftreiben. Und einen Elektromotor, der die brüchige Dampfkesselanlage ersetzen sollte. Man würde uns einen jeden dieser exklusiven Busch & Hering aus der Hand reißen. Daran bestand kein Zweifel. »Versuchen Sie auf jeden Fall«, raunte er mir beim Abschied zu, »Helios-Polierwasser aufzutreiben, von Horn & Horn in Ehrenfeld.« Ich versprach es.

Nach einer Woche kehrte ich zurück. Ich betrat zunächst den Krämerladen des Dorfes, um Flaschenbier einzukaufen. »Zum alten Hering?« fragte mich der Ladeninhaber.

»Ja«, strahlte ich, »zum alten Hering.«

»Vor der alten Stellmacherei rechts«, sagte er. Ich berichtigte ihn.

»Sie meinen, hinter dem Leichenhaus links«, sagte ich.

Er schüttelte den Kopf.

»Genau vor der Stellmacherei rechts«, sagte er bestimmt.

Es dämmerte mir.
»Er ist...?«
»Vorgestern«, nickte der Ladeninhaber, »leider. Morgen ist die Beerdigung. Drei Mark achtzig.« Er schob mir die Bierflaschen über den Tisch. Der alte Hering war 86 geworden. Ich hätte so gern mit ihm noch wenigstens ein Auto gebaut. Dieses eine noch.
Er war der einzige weit und breit, der es noch konnte.
Ich hatte schon Hickoryholz bestellt.
Und ich hatte mich um Helios-Polierwasser bemüht.
Aber es war nirgends aufzutreiben gewesen.

Der Psycho-Knüller

Es wurde und wird viel darüber diskutiert, ob das Automobil mit all den Auswüchsen, die um es herum entstanden sind, dem Menschen weniger zum Vorteil, sondern viel eher zum Nachteil gereicht. Hat es denn Menschen nicht auf eine ganz falsche Bahn gelenkt? Animiert es ihn nicht förmlich dazu, sich mit seiner Hilfe umzubringen oder zum Krüppel zu machen?
Wie wäre es denn gelaufen, wenn wir es ausschließlich im Sinne seines Erfinders als individuelles Transportmittel benutzt haben würden, weise von seinen Vorzügen Gebrauch machend, es nicht als Sportgerät und nicht als Status-Symbol benützend?
Die nachfolgende Geschichte versucht, darauf die Antwort zu finden.

Es war auf einer Insel, auf der spanisch gesprochen wurde.
Aber die Touristen vertrieben mich vom Strand. Ich mietete mir einen klapprigen Zweisitzer und fuhr in die Berge. Sie taten mir gut. Ich wanderte mit den Ziegen über dürre Gräser, fand Schatten unter Hibiskus-Sträuchern, lag neben Eidechsen in der Sonne und warf Steine den Hang hinunter, sah sie rollen und springen und in den Dornen zur Ruhe kommen für eine lange Zeit – vielleicht für hundert Jahre. Ich vergaß die Zeit und das Maß und sogar, wo ich das Auto gelassen hatte. Das kleine rote mit den ausgeschlagenen Stoßdämpfern.
Ich war so kreuz und quer und so weit hinaufgelaufen, daß ich die Orientierung verloren hatte. Ich entschloß mich für eine Abstiegsrichtung und beging sie in Haarnadelkurven, die ich selbst schuf. Alle Straßen sind einst so entstanden, einer lief zuerst, andere folgten. Und wenn dieser erste Spaß an Kurven hatte, blieben seine Kurven für alle Zeiten bestehen. Am Ende wurden sie mit Asphalt begos-

sen und mit Schildern geschmückt.
Ich war so in meine Beschäftigung vertieft, der Nachwelt einen selbstgestrickten San Bernhardino zu bescheren, daß ich das Haus nicht auf mich zukommen sah.
Es mußte den Hügel zur Linken hinaufgekrochen sein, klammheimlich und wohl ein wenig zu hastig. Denn es verschnaufte nun unter einer Gruppe recht unterschiedlicher, aber durchweg steinalter Bäume. Es lehnte sich an zwei von ihnen. Da stand es nun und streckte mir die Zunge heraus – die rote Haustür. Es hatte mich überrumpelt, ich hatte es hier ganz und gar nicht vermutet. Aber nun war es da, und ich ging hinein.

★

Der Mann sah aus, als wäre er einem Titelbild der Saturday Evening Post entsprungen. Er hatte graues Haar, ein gesundfarbenes Gesicht, trug eine Nickelbrille und saß in einem Schaukelstuhl. Als sich mein Schatten auf ihn warf, blickte er hoch und lächelte. Dann legte er das Buch aus der Hand, erhob

sich und sagte:
»Horatio Cornflower«. Das war gewiß kein spanischer Name. Das Haus war angenehm kühl, und die Helle des Tages wurde durch unzählige quer in die Fensterläden eingelassenen Stäbchen gefiltert und gemildert. Es war ein Plätzchen, angefüllt mit Frieden und dem Wunsch nach einem Krug Wein. Bald stand er vor uns auf dem Tisch aus geschwärztem Pappelholz.
»Es freut mich«, sagte Horatio Cornflower, »daß Ihnen Ihr Auto abhanden gekommen ist. Es passiert leider viel zu selten. Ich habe mein Leben mit Automobilen zugebracht, und nun halte ich mir einen Esel. Er funktioniert prächtig, sein Bergsteigvermögen ist hervorragend. Freilich ist er nur ein Einsitzer, und deshalb habe ich ihn Monoposto getauft. Monoposto!« Er rief es halblaut, aber eindringlich. Und die Tür füllte sich mit einem zottigen Körper.
Monoposto trat herein, entblößte die Zähne und sah aus wie Fernandel in seinen besten Tagen.

»Es ist gut, Monoposto, gut so. Geh wieder, geh!«
Monoposto machte nicht auf der Hinterhand kehrt, sondern schritt um den Tisch herum, um ohne Gebrauch des Rückwärtsganges wieder ins Freie zu gelangen. Seine Fesseln waren schlank, fast zierlich, ein leichtfüßiges, hübsches Ding von einem Esel, eine Art GT-Esel.
»Es gibt solche Esel und solche«, sagte mein Gastgeber, »mit diesem bin ich in zwanzig Minuten in San Agostin. Es sind übrigens auch Oliven da, und Brot und Käse. Warten Sie.«

★

Nachdem er dies alles gebracht hatte, ergab es sich im Verlaufe des zweiten Kruges Wein, daß er mir seine Geschichte erzählte. Sie klang ungefähr so:
»Ich war Psychologe. Natürlich bin ich es noch, aber damals bekam ich Geld dafür. Ich machte ein gewaltiges Experiment, und ich glaubte daran. Nein, Sie haben nie etwas

darüber gelesen, denn es war geheim, im Auftrage des State Departement. Es hat sich über drei Jahrzehnte hin erstreckt. Wir nahmen 200 Kinder im Alter von fünf Jahren, 150 Knaben und 50 Mädchen. Wir teilten sie in zwei Gruppen zu je 75 Knaben und 25 Mädchen. Die eine Gruppe verbrachten wir nach Honey-Island, sie wuchs dort auf. Die andere isolierten wir auf den Conchellen, und sie wuchs dort auf.«
Er machte eine Pause, um sich etwas Käse in den Mund zu schieben.
»Die armen Jungs«, dachte ich, »ein Mädchen auf drei von ihnen. Was für ein grausames Experiment!«
»Es war immerhin mein Lebenswerk«, fuhr er fort. »Wir ließen diese Leute aufwachsen, groß werden, erwachsen werden, Sie verstehen. Die auf Honey-Island aßen und tranken die gleichen Dinge wie die auf den Conchellen – von Cornflakes bis Cola, von Steaks bis Martini. Aber sie lasen andere Bücher und andere Zeitschriften, sie sahen andere Filme, bekamen andere Inserate und Prospekte und,

um nun die Katze aus dem Sack zu lassen, andere Automobile zu Gesicht. Die auf den Conchellen bekamen nie einen Sportwagen zu sehen, sie hörten von keinem solchen, und sie erfuhren nie, daß Autos unterschiedliche Pferdestärken haben können.
Ihre Autos hatten überhaupt keinen Tachometer.
Übrigens waren es ausnahmslos Station-Cars, geräumige Kombiwagen mit großvolumigen Motoren. Transportmittel, verstehen Sie?
Wir ließen die gesamte Automobil-Werbung, die auf den Conchellen verbreitet wurde, speziell anfertigen. Sie hatte in etwa den Tenor: Bequem und mit viel Platz überall hinfahren können, ohne Probleme – mit dem Auto geht es besser als mit dem Pferdewagen!«
Ich nickte beifällig, obwohl ich noch nie etwas von den Conchellen gehört hatte. Ich wollte die Geschichte nicht aus dem Trab bringen.
»Und die auf Honey-Island?« fragte ich.
»Sie wurden von Kindesbeinen an mit Reklame überschüttet. Und mit ausgesuchten Filmen und Fernseh-Programmen. Und sie

wurden mit schnellen, schnittigen, heißen Autos konfrontiert. Auf Honey-Island bauten wir gestern schon die Welt von heute auf. Das ging nicht ohne den unvergessenen Walt Disney, er war mein Freund.
Wir bauten Schnellstraßen und Rennpisten. Drive-In-Kinos, Drive-in-Restaurants. Es war eine verrückte Welt, die auf Honey-Island, das dürfen Sie mir glauben.«
Monoposto stieß einen Fensterladen auf und schaute herein. In der Ferne ertönten die langgezogenen Rufe des Ziegenhirten, und eine Ju 52 durchpflügte den Abendhimmel. Ich kam mir vor wie auf den Conchellen.

★

Nachdem Horatio Cornflower den Kamin mit verkrüppeltem Geäst gefüttert, es angezündet und die Tür geschlossen hatte, bat er mich unvermittelt, Fragen zu stellen.
»Fragen?« fragte ich.
»Natürlich, fragen Sie! Was möchten Sie wissen?«
Ach ja, es war sein Experiment. Wie gut, daß

es im ganzen Haus keine Wachstuch-Couch zu geben schien. Ich wollte schon fragen: »Und wozu den ganzen Blödsinn?« Aber ich besann mich eines Besseren.
Die Nacht würde bald hereinbrechen, und irgendwo mußte ich bleiben können. Meine Serpentinen waren noch nicht fertig, mein Paß war Stückwerk geblieben.
»Wie ging es aus?« fragte ich.
»Waren die auf den Conchellen glücklicher oder die auf Honey-Island?«
Er nickte vielversprechend, um dann nicht weniger verheißungsvoll denselben Kopf zu schütteln.
»Die auf Honey-Island frönten dem Rausch der Geschwindigkeit«, sagte er. »Sie waren übermäßig fleißige Arbeiter, sie schufteten, um Geld für ihre Autos zu verdienen. Sie frisierten Motoren, veranstalteten Rennen, sie wollten den Mädchen imponieren und wagten die tollkühnsten Fahrmanöver. Bald mußten wir ein Unfallkrankenhaus errichten. Mit zwanzig fuhren sich schon etliche tot. An einem Renn-Sonntag starben gleich fünf. Es

war fürchterlich! Als sie fünfunddreißig waren, waren es nur noch fünfundzwanzig.«
»So viele, wie Mädchen«, atmete ich auf, mußte aber hören, daß es noch immer mehr Jungen als Mädchen gab, denn es waren etliche Mädchen auf den Beifahrersitzen gestorben, und eine am Volant, und eine im Kindbett. So ist das Leben!
»Aber, auf den Conchellen. . . ?« fragte ich.
»Dort hatten sie eine völlig andere Weltanschauung. Sie fuhren jahrelang die gleiche, alte Kiste. Es gab so gut wie keine Verkehrsunfälle. Sie arbeiteten nur so viel, daß es zum angenehmen Leben reichte. Ich habe nirgends sonst auf der Welt einen so friedlichen Straßenverkehr angetroffen«, schwärmte er. »Es gab nicht einmal Verkehrszeichen. Die Leute fuhren Auto, wie man geht, wissen Sie – es war wunderbar!«
Er lehnte sich zurück und begann, seinen Stuhl zu schaukeln. Dabei blickte er mit geschlossenen Augen zur Decke, und ein Lächeln verklärte sein rosiges Gesicht. Ich überließ ihn ein Weilchen seinen Erinnerun-

gen. Dann fragte ich gezielt: »Sie leben noch alle, die auf den Conchellen?«
Er hielt jäh seinen Stuhl an. Im Kamin explodierte das Holz hundertfach.
Monoposto schrie, wie eine verrostete Dreschmaschine, die Ju 52 kehrte zurück und litt hörbar an Zündaussetzern, und in der Ecke des Raumes, da, wo das Handtuch hing, begann eine Grille zu lärmen. Der Frieden war dahin.
»So dürfen Sie nicht fragen!« rief er. »Der Beweis ist doch erbracht! Die auf den Conchellen hatten in bezug auf das Automobil eine völlig andere Weltanschauung. Meine Arbeit war erfolgreich, das schwöre ich Ihnen. Heute reden sie vom Sicherheits-Auto – die auf den Conchellen brauchten kein Sicherheits-Auto, um heil anzukommen. Sie fuhren auf abgefahrenen Reifen, oft mit miserablen Bremsen, mit ausgeschlagener Lenkung – sie kamen immer an.«
»Also leben sie noch«, wagte ich, festzustellen.
Er nahm die Brille von der Nase und wischte

sich über die Augen. Er atmete tief, ließ den Kopf auf die Brust sinken, schwieg eine ganze Weile und sagte dann endlich:
»Der Berg war schuld! Ich hatte den Berg nicht berücksichtigt.«
»Aha«, murmelte ich, »die Bremsen!« Er wischte meine Bemerkung mit der Hand fort wie ein lästiges Insekt.
»Ach was!« sagte er unwirsch. »Der Berg! Sie hatten nichts, um den Mädchen imponieren zu können als den Berg, den Tamaluwa, er ist dreitausendachthundert Meter hoch, und er hat eine Südwand, eine Nordwand, eine Ostwand und eine Westwand. Obendrauf ist Schnee, und oberhalb zweieinhalbtausend Meter schlägt alle Nase lang das Wetter um. Sie wetteiferten, ihn zu besteigen. Und als sie fünfunddreißig waren, waren es nur noch fünfundzwanzig.«
»Mehr als Mädchen?« frage ich besorgt.
»Natürlich«, sagte er. »Einige schleppten Mädchen mit hinauf, wie das so ist. Acht von ihnen blieben im Berg, eine ging ins Wasser, weil einer nicht wiederkam. Und eine starb

am Blinddarm.«
Am nächsten Morgen brach ich früh auf. Horatio Cornflower schlief noch, übrigens auf einer Wachstuch-Couch im Stall neben dem Esel Monoposto. Ich baute in meinem Paß noch ein paar unerhört schwierige Kurven ein, und als ich ganz unten das kleine, rote Auto erblickte, eröffnete ich am Rande einer längeren Geraden ein Rasthaus. Ich setzte mich auf einen Stein und verzehrte, was mir der alte Cornflower bereitgestellt hatte – Brot und Käse und zwei junge Zwiebeln. Als ich gesättigt war, freute ich mich auf den kleinen Zweisitzer. Ich lief etwas schneller und schuf eine lange, ziemlich abschüssige Gerade, weil mir für das Anlegen der letzten Haarnadelkurven die Geduld fehlte.
Wenn Sie mal in die Gegend kommen, empfehle ich Ihnen, vom Rasthaus an vorsichtig und im kleinen Gang zu fahren. Ich schätze das Gefälle auf achtzehn Prozent.

Erlebnisse eines Wahrsagers

Die zahlreichen Geschichten unter dem Serien-Titel »Blick in den Rückspiegel« fanden immer das Interesse meiner Leser, sie schienen gar besonders beliebt zu sein, obwohl das Automobil noch nicht den ganz großen Geburtstag feiern konnte.

Als ich meinen Rückblick auf das Jahr 1909 zu Papier bringen wollte, verspürte ich das Verlangen, aus dem üblichen Schema auszubrechen und meinen Rückblick einmal ganz anders zu verpacken.

Galt es doch auch diesmal wieder, den Leser nicht nur zu informieren, sondern ihn auch zu amüsieren.

So entstand dieser Aufsatz, in dem ich als Wahrsager auftrete.

Er mochte keinen Wodka mehr, und er vertraute mir an, daß er müde sei. Ich war aber gerade so schön in Fahrt. Und er war ein angenehmer Gesprächspartner. Außerdem war er nicht allein – er hatte eine erfreuliches Etwas bei sich. Sie war das einzige weibliche Wesen in dieser muffig vor sich hingähnenden Hotel-Bar. Wenn er jetzt ginge, würde er nicht ohne sie gehen.
Dann wäre ich versucht, den Barmann um ein doppeltes Pflanzenschutzmittel zu bitten.
Es gibt eine Art von Hotels, in denen ich mich vor dem Zubettgehen fürchte. Oft sind es die allerfeinsten. Ich gab dem Barmann ein Zeichen, und er kniff ein Auge zu und stellte seinen Schnauzbart schräg, denn er hatte verstanden. Wenig später schob er zwei Wodka und einen Gintonic vor uns hin. »Müde?!« rief ich herausfordernd meinem Gesprächspartner zu.
»In Ihrem Alter?!«
Es ist ein Trick und Sie kennen ihn. »Hah!« rief er froh bewegt und von Hoffnung beseelt, »was glauben Sie wohl, wie alt ich bin?« Ich

lehnte mich auf dem Barhocker zurück, so gut es eben ging, musterte ihn, schätzte ihn still auf Mitte sechzig und sagte laut:
»Anfang fünfzig?«
Es war ein voller Erfolg. Er trank seinen Wodka auf der Stelle und orderte zwei doppelte nach.
Das schien der Dame recht zu sein. Ihr Blick schaltete von Standlicht um auf Halogen, und sie rückte sich derart auf ihrem Barhocker zurecht, daß es aussah, als würde sie gern noch ein Stückchen darauf sitzen bleiben. Ich sah dem doppelten Wodka zutiefst befriedigt entgegen.

★

Kurz und gut, er war Jahrgang 1909. Von einem gewissen Alter an nennen Männer ihren Jahrgang. Es muß mit ihrer militärischen Vergangenheit zusammenhängen. Die jüngere Generation nennt einfach das Alter. 1909 – diese Zahl löste in mir einen Elektronenblitz aus. Der Abend war gerettet. Ausgerechnet 1909.

»Unglaublich!« sagte ich. Und dann: »Ja, das war ein Jährchen...«
»Am 8. März«, sagte er.
»Soso«, sinnierte ich. »Interessant. An diesem Tag fuhr König Alfons von Spanien gegen einen Baum.«
»Wie bitte?« sagte die Dame, indem sie mit ihrem Oberkörper näher zu mir hinrückte, was mir keineswegs unangenehm war.
»König Alfons«, sagte ich, »gegen einen Baum. Mit seinem Automobil. Er wurde sogar herausgeschleudert. Mitsamt seinem Gefolge.«
»An meinem Geburtstag?«
»Am 8. März«, nickte ich.
»Aber regen Sie sich nicht auf. Es ist ihm ja nichts passiert.«
Ich wandte mich dem Barmann zu, der neugierig herüberlauschte.
»Der Champagner kostete damals zweimarkfünfzig die Flasche!« rief ich ihm zu, nicht ohne einen Zeigefinger zu erheben.
»Ei-ei, was Sie alles wissen...« gurrte die Dame.

»Und zwanzig Eier eine Mark«, triumphierte ich in die Runde.
Daß es damals schon eine Spezialcreme zur Entwicklung der weiblichen Brüste gab, »Wirkung innerhalb von sechs Wochen. Pro Büchse 3,20 Mark«, brauchte ich ihr nicht mitzuteilen. Ihre Großmutter schien ihr einen Eimer vom dem Zeugs hinterlassen zu haben.
»Wo sind Sie geboren?« fragte ich den Mann, der nun gar nicht mehr müde war.
»Bei Regensburg«, sagte er, »in einem kleinen Nest. Sie kennen es bestimmt nicht.«
Aber es gibt Nächte, da wirft sich mir das Schicksal förmlich an den Hals.
»Sagen Sie bloß in Englfing?!« rief ich.
»Ja!« schrie er begeistert, und die Dame schaltete nun noch ihre Weitstrahler zu.
»In Englfing«, murmelte ich, »da starb 1909 ein elfjähriger Knabe, Sohn eines Tagelöhners. Und es stellte sich heraus, daß der billige Sarg zu kurz war. Aber der Schreinermeister Fischer wußte sich zu helfen – er hackte dem Knaben kurzerhand die Füße ab.«
»Es stimmt!« jubelte mein Gesprächspartner.

»Meine Eltern haben noch lange davon gesprochen. Sie sind ein Hellseher, eine Kapazität!«
Danach herrschte in der Bar atemlose Stille. Alle hatten es gehört. Einige Herren begannen, uns zu umzingeln.
»Das ist ja toll...« hauchte die Dame so dicht an meinem Ohr, daß es kitzelte. Aber angenehm.

★

»Nein danke! Wirklich nicht«, hörte ich einen der uns umgebenden Herren sagen. »Ich muß noch fahren.«
»Genau 1909«, nahm ich das Stichwort freudig auf, »wurde das Automobil-Haftpflichtgesetz verabschiedet. Bis dahin hatten sich die Verkehrsopfer nur an den unbemittelten Chauffeur wenden können, nicht an den Fahrzeughalter.« Ein frischer Wodka war aufgefahren, ich löschte ihn. »Seit damals gibt es unseren Freund hier« – ich legte ihm meinen Arm um die Schultern – »und die Haftpflichtversicherung für Automobile.«

Unser Freund blickte so stolz in die Runde, als wäre er es gewesen, der das Haftpflichtgesetz eingebracht oder gar verabschiedet hatte.
»Ach bitte«, rief die junge Dame, wobei sie sich mit ihrer energieverzehrenden Knautschzone fast vom Hocker schob, »was war 1949, am 12.5.?«
Ich überlegte ein Weilchen. Dann sagte ich: »Oh, ein sehr interessantes Datum, Donnerwetter! Aber – später meine Liebe, später.«
Sie schmollte ein wenig.
»Wir sind jetzt bei 1909«, sagte ich, »und ich habe mich darauf konzentriert.
Damals scheuten die Pferde noch, wenn ein Automobil daherkam. Im Kanton Uri legte man den verhaßten Automobilisten des Nachts schwere Steine oder Zimmermannsbalken auf die Fahrbahn. Der Milliardär Vanderbilt, der mit seinem Automobil den Gotthard-Paß befahren wollte, wurde vom aufgebrachten Volke mit Steinen beworfen. Der Magistrat der Stadt Kissingen beantragte, die Postomnibus-Linien wegen der enormen Staubentwicklung wieder einzustellen.«

»Gab es denn damals überhaupt einen nennenswerten Automobilverkehr?« fragte ein jüngerer Herr, der einen Tomatensaft in der Hand hielt, weil dem Barmann die Milch ausgegangen war.
»Sie machen mir Spaß!« rief ich. »Damals gab es im Deutschen Reich nicht weniger als 34 Automobilfabriken, die 10000 Arbeiter beschäftigten und für 51 Millionen Mark Fahrzeuge herstellten. Goldmark, mein Bester!«
»Was Sie alles wissen«, hörte ich jemanden hinter meinem Rücken sagen, »aber man kann es ja nicht nachprüfen. Wahrscheinlich denken Sie sich das nur so aus.«
Ich fuhr auf meinem Barschemel herum. Es war ein älterer Herr, der eine randlose Brille auf der Nase und eine schwere Zigarre vor der Brust trug.
»Wo sind Sie geboren?« fuhr ich ihn an.
»In Lauffen«, sagte er brav.
»Am Neckar?«
»Ja, natürlich.«
»Aha – «, ich überlegte ein Weilchen, schloß

wohl auch die Augen dabei.
»Lauffen am Neckar«, murmelte ich dann, »1909. Ein Herr Schlayer konstruierte ein sogenanntes Kriegsautomobil. Ein flinkes, halbwegs geländetaugliches Fahrzeug. Nur 90 cm hoch, und mit einem schweren Maschinengewehr bestückt.«
»Schlayer?« fragte der ältere Herr mit Erregung in der Stimme.
»Mit a Ypsilon«, sagte ich, »und mit Heckmotor, 20 PS. Das Maschinengewehr konnte man...«
»Das ist ja sagenhaft!« rief der ältere Herr aus, und die Asche seiner Zigarre brach ab und ergoß sich lawinenartig über seine Weste. »Unser Nachbar Schlayer, es stimmt! Ich war damals sechs, und ich habe das Ding sogar gesehen...«
»Es war vorne spitz wie ein Ruderboot«, sagte ich, »und die Insassen konnten sich auf den Boden setzen, so daß nur die Helmspitzen oben herausragten. Für Nachteinsätze hatte es sogar eine schwenkbare Karbidlampe.«

Ich war nun von Raunen und Murmeln umgeben. Die junge Dame saß schon fast auf meinem Schoß, während meiner Ausführungen einen Hörfehler heuchelnd.
»Bitte-bitte!« hauchte sie, »was geschah 1949?«
»Am 12.5.?« raunte ich zurück.
»Jaaa!« Ich ergriff das Glas, das irgend jemand hatte nachfüllen lassen, und sagte: »Später. Die Nacht ist noch lang.« Irgend jemand küßte mich hinters Ohr. Ich nehme an, daß sie es war.

★

Ein Herr hatte sich nach vorn gedrängelt.
»Ich bitte Sie«, keuchte er, »lesen Sie mir aus der Hand!«
Ich erschrak so unauffällig wie möglich, faßte mich aber rasch:
»Hier ist es zu dunkel«, sagte ich. »Und außerdem bin ich unserem Freund verpflichtet. Er ist es schließlich, der 1909 geboren wurde, als Mercedes das Rennen Petersburg–Moskau gewann, eine totale Sonnenfinster-

nis stattfand und der in Aachen stationierte Schutzmann Heinrich Müller vierzehnjährige Mädchen zur Prostitution zwang.«
Ein Herr erhob sich in diesem Augenblick und verließ grußlos den Raum.
»Was hat er?« fragte jemand.
»Wahrscheinlich war Heinrich Müller sein Großvater«, sagte ich.
»Er heißt tatsächlich Müller«, stotterte der Barmann, »aber er hat bezahlt.«
»So junge Dinger?« sagte die Dame.
»Ja«, erwiderte ich, »und in Uellö bei Budapest wurde die Bahnhofsuhr gestohlen.«
»Das kann niemand mehr nachprüfen«, rief irgendein Hinterbänkler. Ich beorderte ihn zu mir.
»Aber-aber«, sagte er, »so war's ja nicht gemeint.«
»Ihr Name?« fragte ich schroff.
»Heinze«, sagte er.
»Wo geboren?« – Ich konnte die Gläser gar nicht so rasch leeren, wie sie vor mich hingeschoben wurden.
»In Breslau«, sagte er. Ich dachte scharf

nach. Es war diesmal reiner Bluff. Dann sagte ich:
»Heinze in Breslau, 1909. Es muß Ihr Vater gewesen sein. Ei-jei-jei! Das ist aber ein dikker Hund!«
Er erbleichte augenblicklich bis in die Zehenspitzen, dann rief er, alles übertönend:
»Champagner für alle!«
Und während des allgemeinen Tumultes zischelte er mir ins Ohr:
»Ich flehe Sie an! Schweigen Sie! Ich bin mit Geschäftsfreunden hier...«
Ich drückte ihm stumm die Hand, nickte mit dem Kopf. Dann sagten wir beide kurz »Okay!« und ich bat die junge Dame, für einen Augenblick mein rechtes Knie zu verlassen. Mir schlief das Bein ein.
Dann begannen wir, Champagner zu trinken.

★

Ich glaube, dies ist der Punkt, an dem ich dem Leser eine Erklärung schuldig bin. Es war nämlich so:
Am Tag zuvor hatte ich zu Hause an der

Schreibmaschine über dem Thema gesessen: B. Busch blickt in den Rückspiegel: 1909. Ich war wegen der plötzlichen Reise damit nicht zu Ende gekommen, aber alle Fakten, die ich meinem Archiv entlockt hatte, nisteten in meinem Hirn.
Ich brauchte sie nur herauszulassen, wohldosiert und der Situation angepaßt. Vieles konnte ich nicht an den Mann bringen. Etwa dieses: Herr Dr. med. Eberle, Arzt in Weimar, legte mit seinem Piccolo-Zweisitzer in vier Wochen dreitausend Kilometer zurück. Ohne jede Störung. Wobei er »eine Unsumme von Bergen« bezwang.
Rougier, der Sieger der Berliner Flugwochen, schaffte mit seinem 50 PS Voisin-Doppeldekker die weiteste Entfernung: 130 Kilometer in 2 Stunden 41 Minuten. Damals gab es bereits Achtzylinder-Flugmotoren in V-Form. Ein 70pferdiger V 8 von E. N. V. wog nur 60 kg. Der im Auftrage des Reichskriegsministers gebaute Zeppelin I wurde als »Reichsluftkreuzer« bezeichnet.
Die amerikanische Automobilmarke Mitchell

aus Racine/Wisconsin betritt den deutschen Markt und bietet 4 und 6 Zylinder-Wagen zu aufsehenerregenden Preisen an.
Mit »eleganten Laternen, Hupe, zwei Coffrets und amerikanischem Verdeck ab 5500,– Mark.«
Ein Herr Frederic Beck zeigt auf der Luftschiffahrt-Ausstellung in Paris einen 100pferdigen Rotationsmotor. Er hatte die Größe und das Aussehen eines Autoreifens.
Mercedes gewann zum zehnten Male hintereinander das berühmte Semmering-Rennen.
Der Name Audi wird gefunden und ein Jahr später ins Handelsregister eingetragen.
In Deutschland sind 18547 Automobile zugelassen, in Frankreich 42143, in England 60037 und in den USA 79652, aber es war das Jahr, in dem das T-Modell zur Welt kam, und ab 1910 schnellten die Personenwagen-Käufe in den USA empor. In Europa hatte England schon 1907 die führende Rolle übernommen. 1909 standen in London annähernd 1000 Kraftdroschken ungenutzt herum, weil sich keine ausgebildeten Chauffeure fanden.

Mehr als 3000 Droschken waren aber bereits unterwegs. In der Gemeinde Ermershausen durften die beiden scharfen Biegungen der Ortsdurchfahrt mit nur 6 km pro Stunde durchfahren werden. Zuwiderhandelnden drohte eine 14tägige Haftstrafe.
Das augenblicklich billigste Auto war die Brennaborette, ein 350 kg schweres Dreirad, das von einem 4 PS Einzylindermotor angetrieben wurde. Es kostete zweieinhalbtausend Mark.
Für 20000 bis 30000 Mark bekam man einen 70pferdigen Adler, einen 60pferdigen Benz oder einen 90pferdigen Daimler, der »bei der 4. Geschwindigkeit 115 km in der Stunde« zurückzulegen vermochte.
Der Opel-Doktorwagen kostet 3950 Mark. Er hat 8 PS und ist 50 bis 55 km/h schnell. Die Handhupe muß mit 12,50 Mark extra bezahlt werden.
Oft drangen die Geräusche solcher Signalinstrumente aber gegen den Lärm rasselnder Fuhrwerke nicht durch, weshalb sich einige Autler zusätzlich schriller Trillerpfeifen

bedienten, was wiederum polizeilich verboten war, weil nur die Polizei trillern durfte.
Der trillerpfeifende Autler Dr. med. Hallenberger aus Bautzen ging dieses Deliktes wegen durch drei Instanzen und obsiegte. Er durfte fürderhin im Gefahrenfalle trillern.
Ein Ingenieur namens Karthaus erfand eine Abgasvernichtungs-Einrichtung, die den üblen, von den Fußgängern als unzumutbar empfundenen Gasgeruch der Automobile »durch Kondensation zersetzen« sollte.
In Berlin fuhr eine mit vier Personen besetzte Kraftdroschke am späten Abend in ein Zigarrengeschäft, obwohl dieses bereits geschlossen war.
Wilhelm Opel, noch nicht geadelt, gewann auf Opel die Prinz Heinrich-Fahrt. Als Sieger im Gesamt-Klassement mußte er auch die beiden Flachrennen in Guben und Forstenried gewinnen.
Die Tagesetappen der 1800 km langen Strecke betrugen bis zu 409 km. Die Straßen waren miserabel. Dennoch hielten die Continental-Gleitschutz-Pneus nicht nur pannen-

los durch, sondern Kommerzienrat Opel fuhr auf ihnen nach Beendigung des Wettbewerbs noch von München nach Rüsselsheim. Ferdinand Porsche auf Daimler/Austria vermochte sich nicht zu placieren, fuhr aber auf ebenso gering strapazierten Conti-Reifen nach Wien zurück. Die Dankschreiben der beiden Herren »An die Continental Caoutchouc und Gutta-Percha Compangnie in Hannover« sind überliefert.
Im Kleinanzeigenteil der Tageszeitungen wurden bereits gebrauchte Personen-, Last- und Lieferungswagen, Droschken und Motorräder in beachtlicher Zahl angeboten. Einige Beispiele:

- Elektrisches Landaulet 2500 Mark.
- Dampfwagen, tadellos, mit Laternen 450 Mark.
- Mercedes 4-Zylinder, 16 PS 2000 Mark.
- Motorrad, 3 PS (springt leicht an!) 250 Mark

und so herrliches Spielzeug wie ein Delahaye, ein Piccolo, Maurer, De Dion-Bouton, Itala, Rex-Simplex oder Protos. Damals hätte man

beginnen müssen, Oldtimer zu sammeln. Ein Chauffeur verdiente etwa 150 Mark, aber er bekam für 25 Pfennig ein Pfund feinsten Schellfisch, für 70 Pfennig ein Dutzend Heringe und für eine Mark einen Zentner Briketts. Ein Maßanzug aus gutem Stoff kostete 50 Mark. Man darf davon ausgehen, daß der Mann mit einer heutigen Kaufkraft von 800 Mark nach Hause ging.
Darüber hinaus war das »Schmiergeld-Unwesen« unter den Chauffeuren fester Brauch. Sie ließen sich beim Wagen- und Ersatzteilkauf, aber auch unterwegs von den Gastronomen und Hoteliers deftige Provisionen zahlen.
Die Flug-Apparate des Jahrs 1909 waren durchschnittlich 50 km/h schnell, also so langsam, daß man sich fragen muß, wieso sie überhaupt oben blieben.
Im Herbst des Jahres befanden sich in den Humber-Werken in Coventry nicht weniger als fünfzig Flugzeuge des Systems Bleriot in Fabrikation, die für 8000 Mark pro Stück von Privatleuten bestellt worden waren.

Auslösend hierfür war Bleriots erfolgreiche Kanal-Überquerung am 25. Juli gewesen. Ihm war es als erstem gelungen, den Ärmelkanal zu überfliegen. Wenige Tage zuvor war Latham bei dem gleichen Unterfangen ins Wasser gefallen.
In erschreckender Weise sind die britischen Hausfrauen der Trunksucht verfallen. Bei einer diesbezüglichen behördlichen Recherche zählte man in den Bars von Liverpool während der Vormittagsstunden 41000 Frauen, von denen 1462 total betrunken waren und 93 grobe Exzesse begingen. In Brotterode in Thüringen machte ein 74jähriger Mann, der über seine Schnupftabak-Käufe ein Leben lang Buch geführt hatte, die Feststellung, daß er sich im Laufe seines Daseins nicht weniger als 11 Zentner Schnupftabak in die Nasenlöcher gestopft hatte.
Bei Talbot in Berlin konnte man Geschwindigkeitsmesser zur nachträglichen Montage in der Preislage zwischen 125 und 1000 Mark kaufen.
Letzterer soll sich durch einen besonders

geräuschlosen Lauf aufgezeichnet haben.
Ich selbst entsinne mich noch der Zeit, als die Taxameter-Uhren wie Mahlwerke schnarrten, und so mancher Oldtimer, den ich im Leerlauf rollen lasse, hat ein Tachometergeräusch, das ausgesprochen sportlich klingt.
In Celle pflegte die Frau eines Städtischen Arbeiters im ehelichen Schlafgemach derart unartikulierte Schreie auszustoßen, daß der Hausbesitzer gezwungen war, auf Betreiben der übrigen Mieter dem Ehepaar die Wohnung aufzukündigen. Zumal sich die Geräuschbelästigung immer dann zu ereignen pflegte, wenn der Mann zur Arbeit war.

★

»Sind Sie in Celle geboren?« fragte ich die Dame.
»Nein«, sagte sie, »aber meine Mutter. Ich stamme aus...«
»Später, später«, winkte ich ab, der Zufälle müde. Es mochte ihre Großmutter gewesen sein, wer weiß.

Unser Freund schlief bereits, mit dem Oberkörper auf der Bartheke.
Der Mann von vorhin drängte sich wieder heran und fragte beschwörend: »Lesen Sie mir jetzt aus der Hand?«
»Nein«, sagte ich, »nur täglich mittwochs außer donnerstags.«
»Wir können den Jahrgang 1909 vergessen«, flüsterte die Dame, »er schläft. Verraten Sie mir jetzt, was am 12.5.1949 in Oberreitnau geschah? Bitte-bitte!«
Ich setzte eine steile Stirnfalte auf, gab mir den Anschein äußerster Konzentration, stieß dann meinen rechten Zeigefinger gegen ihren Busen und rief:
»Am 12.5.1949 in Oberreitnau? Da wurden Sie geboren!«
»Jaaaa!« rief sie entzückt, und alle klatschten in die Hände.
Es ist das letzte, woran ich mich erinnern kann.

Fragen Sie meinen Großvater!

Fragen Sie meinen Großvater!
Sie können ihn gar nicht mehr fragen, denn er starb vor viereinhalb Jahrzehnten. Und doch wird er Ihnen, wenn Sie diese Geschichte lesen, so manchen Rat geben können. So, wie er mir geholfen hat dadurch, daß er mir eine Menge Lebensweisheiten mit auf den Weg gab, von denen ich noch immer zehre.
Und so endet dieses heitere Buch besinnlich. Ich rechtfertige das mit der Bemerkung, daß nur der wirklich fröhlich sein kann, in dessem Inneren kein Durcheinander herrscht. Räumen wir also mal auf!

In seinem bäuerlichen Landhaus, das von einem großen Garten und ein paar Feldern umgeben war, verbrachte ich oft die Sommerferien. Er war ein großer Schweiger, und dennoch sagte er viel. Er gebrauchte Sprichwörter, Zitate und selbstgezimmerte Weisheiten, die er von sich gab, wie eine Uhr schlägt – schweigend zuvor und schweigend danach. Und doch wußte jeder, woran er war. Ich habe in meinem ganzen Leben keinen anderen Menschen getroffen, der mit so wenigen Worten so viel sagen konnte.

Dem Einbau einer Badewanne in seinem Haus widersetzte er sich mit dem Argument:

»*Wer wäscht die Hasen – und wie können die laufen*!«

Kein Wunder, daß ich ihn verehrte...

Aber das ist lange her. Seit dreißig Jahren ist er tot, und wir können ihn nicht mehr fragen. Zum Glück sind mir viele seiner weisen Sprüche noch sehr gut in Erinnerung. Als einer aus der Stadt zu Besuch kam und nichts unversucht ließ, meinem Großvater durch muntere Scherze und kluge Reden zu unter-

halten, ging dieser Schweigend aus dem Zimmer. Er setzte sich draußen auf die Bank vor dem Haus, schnitt sich einen frischen Priem von der dicken, klebrigen Stange und murmelte:
»*Ein leerer Topf klingt am lautesten.*«
So war er, mein Großvater. Eine Handvoll Worte, und alles war gesagt, was zu sagen war. Damals habe ich viele Leute reden hören, und viele Lehrer haben sich um mich bemüht, aber: was er sagte, habe ich behalten! Und es hat mir im Leben viel genützt.
Wenn ich heute so manche Werbung mit dem Produkt vergleiche, um das es darin geht, fällt mir Großvaters Bemerkung ein:
»*Viele ziehen ihren Kohl besser als ihre Kinder.*«
Zweifeln Sie daran, daß mein Großvater ein ausgezeichneter Automobil-Kritiker geworden wäre?
Nur zweimal fuhr er in einem Auto, einmal im offenen Opel meines Vaters, Ende der zwanziger Jahre. Und da mischte sich gleich ein Dorfgendarm ein, was meinen Vater sehr

erboste, meinen Großvater aber nur zu der Bemerkung veranlaßte:
»*Wo Frösche sind, da sind eben auch Störche*!«
Das zweite Mal fuhr er in einem großen, schwarzen Protos, und ich hätte gern gewußt, was er dazu zu sagen gehabt hätte. Aber der Weg ging zum Friedhof, es war sein letzter. Ich bezweifle, daß er mit dem großen Protos zufrieden gewesen wäre. Er hielt nicht viel von den Leuten in den großen, damals durchweg schwarzen Limousinen. Er meinte:
»*Nicht jeder ist Zar, der im Kreml sitzt.*«
Und auch die Leute in den kleinen Autos kamen schlecht bei ihm weg, wenn sie sich schlecht benahmen. Einer, der einen Dixi fuhr, versuchte, dem ganzen Dorf einzureden, daß es kein besseres Auto gäbe. Mein Großvater sagte dazu:
»*Die Made hält ihren Käse für die Welt.*« Und damit war der Fall für ihn – und der Angeber fürs Dorf – erledigt.
Als der Dixi-Fahrer aber eines Tages, weil die Zeiten schlechter geworden waren, auf ein

dürres Stock-Motorrad umsteigen mußte und meinem Großvater zu verstehen gab, wie sehr ihn dieser Abstieg bedrückte, tröstete der ihn mit den Worten:
»*Besser schielen als blind sein*!«
Ich war dabei und konnte sehen, wie es dem Manne seelisch auf die Beine half.
Ich weiß auch, was er dazu sagen würde, daß die kleinen Neckarsulmer den K 70 und die kleinen Ingolstädter den Audi 100 auf die Beine stellten, Autos, die den Großen nicht einfielen:
»*Bär und Büffel*«, würde er sagen, »*können keinen Fuchs fangen*!«
Ja, man könnte sehr gut mit ihm über die neue Zeit reden, er würde um keine treffende Antwort verlegen sein. Daß das Autofahren immer weniger Spaß macht, weil der Verkehr immer dichter und ärger geworden ist:
»*Ein Fluß schwillt nicht an, ohne trübe zu werden.*«
Daß Autos, die viel Lob ernten, vielleicht gar zum Auto des Jahres gewählt werden, so viele Fehler haben:

»Man soll nicht fliegen, bevor einem Federn gewachsen sind!«
Und daß sich die Leute so freudig auf neue Modelle stürzen, die manchmal nur bunter und hübscher, nicht aber gescheiter geworden sind:
»Kindeshand ist schnell gefüllt!«
Das waren so seine Sprüche, die mir noch immer im Ohr klingen, und die, wie man sieht, an Treffsicherheit und Aktualität nichts eingebüßt haben.
Er saß am Abend oft auf der Bank vor dem Haus und schnitzte mit dem scharfen, spitzen Klappmesser, dessen Klinge auch den Priem von der Stange trennte, an einem Holz herum. Nur so. Es sollte nichts daraus werden. Er sah nur zu, wie die Späne flogen, er machte das Holz schön spitz und rund, bis es immer kürzer wurde und am Ende nur noch ein Span war wie die anderen Späne. Wenn er so dasaß und schnitzte, dann waren seine Antworten immer besonders gut. Ich klagte über die harte Schule und die schweren Aufgaben. Er sagte:

»*Wer den Kern essen will, der muß die Nuß knacken*!«
Ich habe es mir gemerkt und herausgefunden, daß sogenannte Glückspilze nichts anderes sind als Leute, die sich nicht scheuen, die Nuß zu knacken.
Ob es richtig ist, daß sich die kleinen Werke mit den großen vermählen, obwohl sie oft die besseren Autos bauen?
»*Man muß Frieden machen*, solange man noch kämpfen kann!«
Wie es kommt, daß die Unfälle noch zunehmen, obwohl viele begriffen haben, daß es besser ist, defensiv zu fahren?
»*Weil der Klügere nachgibt, herrschen die Dummen.*«
Aber, Großvater, könnte denn nicht einer vom anderen lernen – man sieht doch, worauf es ankommt?
»*Wenn zwei Esel einander unterrichten, wird keiner ein Doktor*!«
Viele verstanden ihn nicht, und das war ihm nur recht. Er schnitzte lieber schweigend, und man sah es ihm an, daß er dabei voller

Gedanken war.
Da kenne ich einen, der fährt wie ein Schwachsinniger. Er überholt grundsätzlich auch dann, wenn er die Gegenbahn oder die Kurve nicht einsehen kann. Das macht er nun schon seit Jahren, und nie passiert ihm etwas.
Großvater lächelt:
»*Wer zum Galgen geboren ist, der ersäuft nicht.*«
Großvater ist sicher, daß es eine Gerechtigkeit gibt auf der Welt. Man muß nur warten können. Er konnte warten. Er lebte nach der Devise:
»*Genug ist allemal besser als Zuviel!*«
Er war nie infarktgefährdet. Er war nicht wie jene, die ein schnelles Auto auch noch frisieren. Er wußte:
»*Allzuscharf macht schartig.*« Und eine schartige Axt oder eine schartige Sense – damit hatte man nur Ärger.
Er hat auch nie in seinem Leben Schulden gemacht, sondern lieber verzichtet.
»*Borgst du Spreu von einem Reichen,*« hörte ich ihn sagen, *so mußt du ihm Korn zurück-*

geben.
Es gab zwei Gasthäuser im Dorf, die Forelle und die Schänke. Die meisten Autos standen immer vor der Forelle, und weil die weiter weg lag von Großvaters Haus, mußte ich auch weiter laufen, wenn ich mir Autos anschauen wollte. Ich fragte den Großvater, weshalb vor der Forelle so viele und vor der Schänke so wenige Autos stünden. Er sagte:
»*Zum guten Brunnen ist der Weg betreten.*«
Man kann sich noch heute danach richten, wenn man in fremden Landen speisen will.
Über einen im Dorf, der sich einen sechszylindrigen Adler kaufte, kaum, daß er ein wenig Geld geerbt hatte, und der nun den großen Mann spielte, sagte Großvater:
»*Aus fremdem Leder ist leicht Riemen schneiden.*«
Der Mann zog mit seinem Adler in die Stadt, und die Leute im Dorf prophezeiten ihm eine glänzende Karriere. Es war die Rede, daß er in ein Bankhaus einheiraten würde. Nur Großvater glaubte nicht an das Gerücht.
»*Man empfängt den Mann wohl nach dem*

Kleide«, sagte er, »*aber man entläßt ihn nach dem Verstande*!«
Heute mag man den Mann wohl nach dem Wagen empfangen, aber im übrigen – siehe Großvater!
Wenn ich mich an all das erinnere, was er so von sich gab und daran, wie er lebte, dann wird er, der für mich damals schon der Größte war, heute nur noch größer.
Er stammte aus Ostpreußen, und er sah aus wie Hindenburg. Als kleiner Junge hatte er Gänse und Schafe gehütet, barfuß auch im Winter. Aber er hatte ein Elternhaus gehabt, ein Häuschen aus viel Lehm und viel Schilf. Und er hat es dann später in Thüringen wieder zu einem eigenen Häuschen gebracht. Bei der Eisenbahn war er Stellwerksmeister geworden.
»*In seinem Haus*«, so sagte er immer, »*ist auch der Arme König*!«
Er verstand es, die Spreu vom Weizen zu scheiden. Das Nebensächliche trübte niemals seinen Blick. Ihn konnte man nicht täuschen. Damals begannen die Leute, sich gegenseitig

zu übertrumpfen. Etwa mit einem großen Radio-Apparat. Das machte auf ihn keinen Eindruck. Er besaß ein Gerät mit zwei Kopfhörern, einen für sich und einen für die Großmutter. Wenn ich mithören wollte, dann legte er seinen Kopfhörer unter einen blechernen Topf, und dünn, aber deutlich, erklang Musik aus Königswusterhausen.
»*Groß sein tut's nicht allein*«, sagte Großvater, »*sonst holte die Kuh den Hasen ein.*«
Na und? Das kann die Kuh auch heute noch nicht! Nur glauben es die Menschen heute, es scheint jedenfalls so. Sie mögen meinen, daß diese Geschichte nicht hierhergehöre, was kümmert Sie mein Großvater?! Wahrscheinlich haben Sie recht. Aber ich bin nun mal sein Enkel, und deshalb davon überzeugt, daß man nicht immer nur an den Automobilen arbeiten muß, sondern auch ein wenig an den Menschen, die drinsitzen. Wir hadern mit der Misere, die um uns ist. Aber da kann ich nur mit Großvater sagen:
»*Was beklagt sich der Wald über die Axt – wo er ihr doch den Stiel geliefert hat*?!«
Denken Sie mal darüber nach..